中国 我的梦

劳动·创造·奋斗

国家互联网信息办公室　共青团中央 指导

第二十三届中国新闻奖一等奖 中国新闻名专栏

# 青春励志故事

## 科学求真篇

共青团中央网络影视中心　中国青年网　编著

黄山书社

**图书在版编目（CIP）数据**

中国梦　我的梦——青春励志故事·科学求真篇 / 共青团中央网络影视中心．中国青年网编著．-- 合肥：黄山书社，2013.12

ISBN 978-7-5461-4003-2

Ⅰ．①中…　Ⅱ．①共…　Ⅲ．①人物－生平事迹－中国－现代　Ⅳ．①K820.7

中国版本图书馆CIP数据核字（2013）第295394号

**中国梦　我的梦——青春励志故事·科学求真篇**　　共青团中央网络影视中心　中国青年网　编著

出版人　任耕耘
总策划　金　东　郝向宏　任耕耘
策　划　蔺玉红　金　锐　褚家炜　宋　楠　马　磊　高　杨
特约编辑　王岑予　马潇潇　朱琪红　刘　哲
内容统筹　高　杨
责任编辑　侯　雷
责任校对　秦矿玲
装帧设计　未　氓　刘　俊

出版发行　时代出版传媒股份有限公司（http://www.press-mart.com）
黄山书社（http://www.hsbook.cn）
官方直营书店（http://www.hsssbook.taobao.com）
营销部电话：0551-63533762　63533768
（合肥市蜀山区翡翠路1118号出版传媒广场7层　邮编：230071）
经　销　新华书店
印　刷　安徽联众印刷有限公司

开本　710×1000/16　　印张　12　　字数　200千字
版次　2014年2月第1版　　印次　2014年2月第1次印刷
书号　978-7-5461-4003-2　　定价　28.00元

# 目　录

# 金怡濂：我国巨型计算机领域的“一代天骄”

科学的精神是永恒的，是不会过时的，科学的发展也是永无止境的。我们作为科技工作者，必须永远攀登、永远向前！

·人物语录·

·人物小传·

## 金怡濂

他是中国巨型计算机事业开拓者。他致力于民族计算机事业发展半个多世纪，脑子里装的都是计算机，琢磨起计算机来像上足发条的钟表。他记不清自己的3个孩子是如何长大的，却对巨型计算机的每一点进步点滴在心。他的青春年华、他的心血才智，都尽融之中……

对于很多人来说，金怡濂这个名字可能有些陌生，由他主导研制的巨型机“神威”可能大家也鲜有听闻。但是要说起天气预报，几乎每个人都很熟悉。而这些天气预报就是借助“神威”的精准运算得出来的。

很多人可能都还记得1999年9月30日的那个晚上，新中国成立50周年庆典的前夜，首都下起倾盆大雨。这雨还要持续多久？天气的情况直接关系到十几万人精心参与准备的阅兵式和文艺庆典能否顺利进行。那时尽管神经紧绷，高度紧张，但是作为庆典工作人员之一，负责天气预测保障工作的金怡濂也有一丝丝兴奋，因为根据自己参与研制的“神威”超级计算机判断：雨将在10月1日早晨5时停止，3个小时后云开雾散，庆典可如期举行。他及时把这一判断结果作了汇报，方便整个工作的开展和相关负责人的正确决策。

事实是：这一预测高度准确，十分完美！

人们记住了1999年50周年大庆那一碧如洗的蓝天和人民解放军空军的英姿。可是，人们不知道，那一刻，金怡濂比其他人更多了一份自豪和高兴。

## 科技工作者要和国家的命运联系在一起

金怡濂读小学时，校长因反抗日本帝国主义文化侵略被暗杀，未满10岁的他经历这一事件，既震惊又悲愤。他暗暗下决心，要努力学习和工作，帮助国家和民族摆脱贫穷落后面貌，不再被外强侵略。这个愿望，一直伴随着他发奋学习、努力工作，为我国巨型计算机事业做出巨大贡献。

1957年，金怡濂被国家选派到前苏联学习计算机。刚到前苏联时，因为语言上的障碍，他经常听不懂课，他就拿上准备好的会话手册边对照边琢磨。那些日子里，金怡濂每天很早就起床，倒几次公交再坐地铁，赶到研究所做实验。一天辛苦下来已经疲惫不堪，但他还经常学习到深夜。虽然很辛苦，但祖国的重托与早年的愿望激励他夜以继日地苦心钻研。

2002年度国家最高科学技术奖得主金怡濂在北京人民大会堂举行的中国科学技术奖励大会上发言。

从前苏联学成归来，他参与了我国第一台大型电子计算机的研制。从1959年到1962年，在国家最困难的4年间，他们连续研制出4台大型计算机，成为中国计算机发展史上的一段佳话。也正是这一工作，激励他在实现巨型计算机“中国造”的努力中勤耕不辍，写下一个又一个辉煌。

这是因为从国外进口大型计算机的经历深深刺痛了金怡濂的心：我们花大价钱从国外进口一台巨型计算机，产品提供方还附带让我们花钱雇他们两个“监工”，主要是监视我们别接触到机器的核心技术，甚至连开、关机这种简单工作，“监工”也不让我们的人来做……

1963年起，金怡濂工作的地方搬到了我国大西南的山沟里，交通不便、信息闭塞。有时为了查阅资料，他要先搭大卡车爬半天山路，然后再坐两三天的硬座火车到北京或上海。但他无怨无悔，在这个山沟沟里一待就是整整 20 年，因为他惦记着我们自己的大型计算机事业。也就是这 20 年间，经过实践磨砺的金怡濂，思想和技术日趋成熟，成长为骨干，直至带头人，他参与和带领团队取得了一个又一个令人瞩目的成果。

1967 年，运算速度每秒 16 万次的改型计算机成功问世，这标志着金怡濂他们已在技术上完成了由电子管向晶体管的跨越。

很快，他们又投入更新一型机器的研制，这是我国大型计算机由单机模式向并行模式迈进的一个重要转折点，也是金怡濂科研生涯中的一个重要里程碑。

其后，历经十余年奋斗，1976 年，改型机器的研制圆满完成，其运算速度达到每秒 350 万次。其间，金怡濂成为我国计算机界第一个提出并主持实施双机并行处理的科学家。这一突破，对以后我国的巨型机研制产生了极为深刻的影响。

1978 年，我国改革开放的总设计师邓小平明确提出："中国要搞四个现代化，不能没有巨型机！"这年，国家批准了九〇五工程亿次机研制立项。从每秒 350 万次，一下跃升到 1 亿次，这不仅意味着运算速度的大幅提升，更包含着研制技术质的飞跃。金怡濂被指定负责九〇五工程亿次机主机的研制工作。

8 年后，金怡濂他们便交出了完美的答卷：国内第一台标量巨型计算机——九〇五工程亿次机研制成功。徐向前、聂荣臻两位老帅分别发来贺信、题词，祝贺这一重大成果。这是一台体现着纯正"中国血统"的巨型机。张孝祥、金怡濂等，因为对该机做出的突出贡献，获得国家科技进步特等奖，时任中央军委主席的邓小平也签署命令，给研究所记集体一等功。

从双机并行到群机并行，再到大规模并行，中国巨型机研制十年三大步。1992 年，国家并行计算机工程技术研究中心成立，金怡濂出任主任。擎起"帅旗"的金怡濂，又把目标瞄向千亿次。

1999 年 9 月，中央电视台向全世界宣布：运算速度达到每秒 3840 亿次的"神威"高性能计算机系统，在中国国家并行计算机工程技术研究中心研制成功并投入商业运行，并成功为新中国 50 周年庆典准备工作做出重大贡献。

"科技工作者只有把自己的事业和祖国的繁荣、民族的昌盛紧密联系起来，才能大有作为。"金怡濂用行动做出了最好的注脚。

## “他不像一个大院士，更像一个老工人。”

助手们亲切地称金怡濂为“老爷子”，他们对“老爷子”非常敬重。“老爷子”在工作中很注意提携年轻人，总是鼓励助手们提问题、说想法，甚至不同意见。

在助手们眼中，金怡濂是与时俱进的专家，从未停止向科学的未知领域进军。金怡濂在清华大学学的并不是计算机专业，他认为学校的学习只是获得知识的一个途径，尤其是攻克难题，更多地还需自己去学习、去判断，培养思维能力和想象能力。

决定打造“神威”巨型机时，金怡濂已是花甲之年。抱着“一个焊点、一枚螺丝钉也要体现世界水平”的决心，他几次调整研究方案，不断提高关键技术指标。就连一帮年轻气盛的弟子们也不得不钦佩他的胆识和勇气：“老爷子，真敢干！”

研究过程中，金怡濂常常亲自上阵把关。“神威”巨型机研究启动初期，并没有检查焊点可靠性的设备，他就与工作人员一起，手拿放大镜，握着手电筒，挨个检查成千上万个焊点。为了达到自己提出的“零缺陷”要求，他整天泡在

2012 年 1 月 13 日下午，时任科技部副部长陈小娅看望金怡濂院士。

噪音震耳、化学气味刺鼻的车间里，跟踪观察全过程，和工作人员一起用砂纸磨模具，用卡尺量尺寸，经常加班到深夜两三点。大家都说："他不像一个大院士，更像一个老工人。"

## 科技工作者，必须永远攀登、永远向前

计算机领域的挑战，其实是一场国际化的挑战。

从每秒运算 350 万次到 1 亿次、10 亿次再到千亿次，我国计算机实现了一次次突破。这背后，是金怡濂和同事们矢志不渝、刻苦攻关，高标准、严要求的结果。彼时，国家电子工业基础薄弱，数以万计的计算机组件要靠钳子、螺丝刀、电烙铁甚至是指甲刀组装起来。金怡濂白天开会学习文件，晚上看图纸。一台机器下来，他设计审看的图纸不下万张，摞起来成小山。

金怡濂不断突破藩篱，对自己提出更高要求，始终保持着旺盛的生命力、创造力。他对计算机的每一次进步印象深刻，脑子里装的永远都是计算机，琢磨起来就像上足发条的钟表，只围绕这个中心不停地转动，别无他顾。"吾生也有涯，而知也无涯"，对真理的探索，对民族的期盼，对国家的大爱，激发了这位科学家一生的热情！

正如金怡濂所言，"科学的精神是永恒的，是不会过时的，科学的发展也是永无止境的，正因为这样，我们作为科技工作者，必须永远攀登、永远向前"。他用一生践行了自己的誓言，他的精神犹如一面旗帜，引领着后来者在科学的征途上奋勇向前。

# 孙丕恕：“中国服务器之父”

创新中有一种动力，就是做事永不满足，还要脚踏实地。不能光好高骛远地去看、去说，要脚踏实地把这件事做下来，并且还要找到实现想法的方法，这才是一个真正的人才。

·人物语录·

·人物小传·

## 孙丕恕

他是浪潮集团董事长。他被人称为“中国服务器之父”。他专注于中国信息产业核心设备的开发和应用，创造了多项中国第一，填补了多项空白。他领导着浪潮集团经过十几年的自主研发探索，让这家濒临困境的国企华丽转身成为国内最大的服务器制造商和微软在华最大合作伙伴。在创业创新的漫漫征途上，孙丕恕用坚定和实干诠释了执著的创业精神。

2009 年的一天，在德国德林斯顿飞往慕尼黑的飞机上，一位中国旅客神情专注地在一张餐巾纸上画着图。他正调动所有的思维神经描摹着一项雄心勃勃的跨国商业并购——收购全球第三大存储器厂商奇梦达。几个月后，这名中国企业家以 3000 万元人民币完成对奇梦达研发中心的收购。在这家傲慢的德国厂商提出 25 亿欧元的最初报价时，如此“物美价廉”的并购简直是不可思议。

这位用执著创造奇迹的企业家就是浪潮集团董事长、CEO、“中国服务器之父”孙丕恕。从一名专业技术人员到成功的创业者，他始终专注于中国信息产业核心设备的研发，创造了多个中国第一。他领导着浪潮集团经过十几年的自主研发探索，让这家濒临困境的国企华丽转身成为国内最大的服务器制造商和微软在华最大合作伙伴。在创业创新的漫漫征途上，孙丕恕用坚定和实干诠释了何谓执著的创业精神。

## 竞赛高手成长为出色的 IT 工程师

1962 年，孙丕恕出生于山东青岛郊县农村一个普通的农民家庭。身为农民的父母从没放松对孙丕恕学习的督促。1979 年，他参加了全省数理化竞赛化学组的比赛。“在比赛中取得不错的成绩后，我觉得化学太简单了，不是高科技，电子行业才够复杂。”于是孙丕恕报考了山东大学电子学专业。“进入大学后，我除了吃饭睡觉，每天只干一件事，那就是学习。”孙丕恕说。

“1983 年毕业后，我就来到了浪潮。我国的改革开放事业推动了 IT 行业的发展，我也很庆幸从事了 IT 行业。”孙丕恕自豪地说。

上世纪 80 年代，正值我国刚刚打开国门，一大批心怀“留学报国”理想的理工科大学生纷纷踏上留学之路，造就了改革开放后的第一轮出国潮。对于电子学出身的孙丕恕，出国深造意味着更成熟的专业环境和更有保障的发展前景。“不一定说要在国外工作才好，在国内同样可以干得好。”孙丕恕说。

2012年12月7日，在Inspur+World+2012主论坛上，浪潮集团董事长兼CEO孙丕恕致辞。

到了1985年，孙丕恕已经成长为一位才华出众的工程师。他带领的课题组研制出了中国第一代微型计算机0520系列。从1986年至1989年，孙丕恕再接再厉，他领导开发的浪潮0530微机获国家计算机行业最高质量奖。此后，他的团队成功开发0540D微机，这在当时属国内首创，甚至在国际上也属于为数不多的推出此型号产品的厂家之一。这一重大突破，标志着国产PC的开发由简单模仿开始向独立研发转变。30岁时，孙丕恕获得了“科技先进工作者”的荣誉。

## 卧薪尝胆　誓打破服务器“排华”壁垒

一次对华歧视的技术观摩，刺痛了孙丕恕身为中国IT业领军人物的心，成为他转向研发自主知识产权服务器的诱因。至今他清楚地记得当时的情景，为了封锁技术，外方竟将自产服务器锁进玻璃房内，并标示“中国人不得入内”。“当时我很气愤，我感觉这是外国人在新时期设置的‘租界’。我下决心要回击这种歧视，打破他们在这一领域的垄断。”孙丕恕说。

1993年，孙丕恕和同事们来到新加坡，开始了小型机服务器的研究工作。为了节省经费，他们常吃方便面充饥；不舍得坐车时，步行几十里到各个相关科研机构查阅所需资料。在超强度的工作压力下，孙丕恕患上了严重的胃溃疡。但疾病并未使他停下前进的脚步。经过一年的不懈努力，在他的领导下，课题组终于研发出了第一台小型机服务器，打破了西方国家在此技术领域的绝对垄断。

孙丕恕的创业并未因重大的成就而停下脚步。1997年，在他的带领下，浪潮又开始了新的长征。当众多企业还在电脑市场中奋力搏杀，他率浪潮实现了主业转向服务器的华丽转身。“我们的特长在技术，向服务器转型是我们的必由之路。”孙丕恕说。

2002年11月，他启动了“天梭”工程，让中国拥有了第一台高效能服务器。此后在服务器性能上，6次打破世界纪录，迫使国外进口服务器连续降价达40%之多。“3000米接力赛，需要每一棒加速、加速、再加速，才能不断抢

2012年12月7日，在Inspur+World+2012主论坛上，浪潮集团董事长兼CEO孙丕恕接受山东卫视、济南电视台专访。

占制高点。"他用25年的苦追赶上了发达国家50年所取得的成就。如今，浪潮已经成为国内最大的IT企业之一。"我的梦想就是，打造一个百年IT强企。"孙丕恕激动地说。

孙丕恕领导下的浪潮，并不满足于服务器领域的卓越成就，他还将产业触角伸向了软件行业。

2005年，浪潮成为微软在华最大的合作伙伴，获得微软2亿元的投资，浪潮得以加快品牌国际化的进程。从这次合作起，浪潮开始大规模采用微软的"NET"平台，并帮助微软向客户推广".NET"。

浪潮自主品牌的通讯行业软件也迅速走出国门，先后在孟加拉、苏丹、布隆迪等国家和地区落地生根。同时，浪潮还积极发展对欧美、日韩的软件外包业务。

2007年，浪潮中标商务部委内瑞拉库阿科技工贸园项目。经过几年的努力，这一园区已成为南美最大的电脑生产基地，不但供应委内瑞拉国内市场，同时辐射周边国家，有力地推动了浪潮海外事业的发展。

## 收购奇梦达："穷小子"高攀"富家女"的智慧选择

2008年，为了填补中国在存储器领域的技术空白，改变整个集成电路产业庞大需求完全依靠进口的现状，孙丕恕向当时的全球第三大存储器厂商德国"奇梦达"提出合资建议。他得到的是对方傲慢的答复："你们有什么规划？你们有多大投资？你们能干这个事吗？""穷小子"想要高攀"富家女"，道路注定艰辛。但是孙丕恕态度坚决。

但在几个月后，乾坤大颠倒。在产业低谷和金融危机的双重压力下，"奇梦达"资金流枯竭，企业陷入困境。孙丕恕伺机调整策略——用并购取代合资，他即刻带领团队奔赴德林斯顿的"奇梦达"总部，将并购提案摆上了谈判桌，但对方开出25亿欧元的高价。

首轮谈判进展不顺，但孙丕恕并不罢休。在德林斯顿飞往慕尼黑的飞机上，孙丕恕迫不及待地在餐巾纸上写下了收购"奇梦达"的整体战略思路。

在这之后，孙丕恕对"奇梦达"的并购计划转入攻坚阶段，将价格从25亿欧元一直压到4亿欧元。但故事并未就此结束。又3个月后，“奇梦达”走投无路，宣布破产保护，事情再度发生了质变。

“当时的情况不能进行全盘收购，选择性的收购对我们最有价值，并且也容易控制。”孙丕恕说。他深知在危机中规避风险、在挑战中把握机会的商业之道。孙丕恕决定抓住奇梦达最核心的存储器芯片技术，收编一个“缩水”“奇梦达”——只收购它的研发中心。从合资到并购，再到只并购核心研发体系，孙丕恕的海外抄底一波三折。最后，孙丕恕只用了3000万元人民币的价格便收购了其研发中心。

拥有了世界一流的存储器核心技术，浪潮在服务器领域的高歌猛进也就水到渠成。2010年，孙丕恕领导浪潮完成了我国第一台高端容错计算机样机的研发，并在中国建设银行测试上线，这标志着中国服务器产业迈入世界第一阵营。

“过去这些服务器产品买的是国外的，他们远程遥控来维护这个系统。这样实际上就等于在服务器系统里面放了一颗炸弹。现在我们国内做了自己的服务器，相当于把这个炸弹拆除，他们就做不了遥控了。”摆脱对国外服务器的依赖，意味着我国从此将捍卫信息安全的主动权掌握在了自己手中。

到今天，浪潮的服务器已经广泛地应用于我国金融、通信、国防等关键领域。

## 科技人才的社会责任感：用技术服务民生

在技术领域颇有建树的孙丕恕，不只将热情投入“冷冰冰”的科技研发，对社会和民生也用力颇多。

在今年的十一届全国人大五次会议上，作为全国人大代表的孙丕恕提出了《加快推进居民健康卡建设 打造便民医疗服务》和《提升我国信息化装备水平构建自主可控“中国云”》的议案。如何运用云计算、物联网等新兴技术解决医疗卫生和食品安全监管等社会难题，成为他新的关注所在。

他提出，利用“云”技术整合各级食品安全监管部门信息，通过条形码、磁卡等终端实现食品从生产源头到销售终端的质量安全监管体系。

孙丕恕说：“瘦肉精、毒豆芽、染色馒头等事件层出不穷，根本原因是我国目前食品安全管理技术手段依然薄弱，因此我建议用信息化手段实现对食品

2012年9月23日，孙丕恕应邀参加山东大学2012级学生开学典礼并讲话。

从源头到终端的质量安全监管，为各级食品安全管理部门提供信息支撑，确保多个部门不连贯的监管信息的贯通。"

达则兼济天下，孙丕恕从容地践行着中国传统知识分子的至高理想。

如今，过了不惑之年的孙丕恕，拥有了更强大的信心、更为执著的信念、更加坚定的步伐，为当代青年树立起一个"实业报国"的闪闪坐标，它的标签上写着"坚忍不拔，脚踏实地"。

# 王选：怀揣梦想　投身科技

认识自己的不足，懂得要依靠团队，千方百计地为优秀的年轻人创造条件，使他们脱颖而出，是我能够获得最高科技奖的原因之一。

·人物语录·

·人物小传·

## 王　选

他是北京大学教授，是当代中国著名的科学家。他是举世公认的计算机汉字激光照排技术创始人。他对科研项目的市场前景有着敏锐的洞察力，是促进科技成果向生产力转化的先驱，被誉为“有市场眼光的科学家”。他一生献身科学，淡泊名利，始终孜孜不倦地埋头于艰苦的科研工作，即使患病期间也没有停止过。他以提携后学为己任，甘为人梯，为培养和造就出一批批年轻的学术骨干呕心沥血。

王选曾任中国科学院院士、中国工程院院士、第三世界科学院院士、北京大学计算机研究所教授。他是汉字激光照排系统的创始人，他所领导的科研集体研制出的汉字激光照排系统为新闻、出版全过程的计算机化奠定了基础，被誉为“汉字印刷术的第二次发明”。

## 志做好人，服务社会

当记者问及王选生前秘书、现任王选纪念室主任的丛中笑老师能用哪几个词概括王选老师的一生时，她说：“王老师的一生体现了四个词：献身科学、无私奉献、敢为人先和持续创新。”

王选小时候就为这些品质打下了基础。

1947 年，上小学五年级的王选获得了一个“重要荣誉”，即“品德好、最受欢迎的学生”。数十年后，王选获得 2001 年度国家最高科学技术奖时，才意识到小学的这一荣誉对自己一生的重要性。他说：“平生经历告诉我，一个人要想有所成就，首先要做个好人。青少年时代就应努力按好人标准培养，只有先成为好人，才能做有益于国家、有益于人民的好事。要想做好学问，先要做个好人。什么叫好人？季羡林先生说：‘考虑别人比考虑自己稍多一点就是好人’。我觉得可以再降低一点：‘考虑别人与考虑自己一样多就是好人。’认识自己的不足，懂得要依靠团队，千方百计地为优秀的年轻人创造条件，使他们脱颖而出，是我能够获得最高科技奖的原因之一。”

1948 年，王选以全班第二、男生第一的成绩从小学毕业，被保送升入南洋模范初中。初中部设在上海西郊的七宝镇，所有学生必须住校，一周才能回家一次。学校生活条件十分艰苦，没有电，晚上自习点的是汽油灯，宿舍里是亮度更差的煤油灯。几十个学生住在一间大屋子里，不论寒暑，每天清晨都要集体出操，伙食也比城里差得多。但小小少年是不知愁滋味的，王选觉得这恰恰是锻炼自己的好机会。他和大家在宽阔的空地上尽情地踢小足球，在国民党军队留下的碉堡中捉迷藏，把自己完全融入了集体。后来，王选经常对青年人说："在这种集体生活中，性格孤僻、自私和不合群的人是不容易受欢迎的，而这些缺点恰恰是今天高科技时代取得成就的重要障碍，需要在青少年时代加以纠正。美国著名心理学家荣格有一个公式：I（我）+ We（我们）= Fully（developed）I（完整的我）。只有把个人融入集体，才能体现完整的自我价值。"高中时期，学习对于王选来说仍然是轻松的，他把更多的时间和精力花在了班级和社会工作上。

由于王选工作出色，高一那年，他被评为全年级唯一的优秀团员，同学们佩服地称他为"社会活动家"。从小学五年级被选为班长起，直到大学毕业，王选足足当了 12 年学生干部。他不认为这会耽误学习，相反，他主张学生在校期间要有一些当干部的经历。因为这会使人懂得以身作则，为别人着想；懂得诚恳待人，虚心接受各方面的批评，还可以提高组织和表达能力。这是一个人能够做出成绩不可缺少的素质，使人终生受益。他后来总结说："如果只懂得读好书，一个书呆子很难在一个应用科学里做出成绩来。应用科学里你不得不要带领一支队伍，不得不要学会处理很多协作关系，没有这样一种当干部的经历，我认为是不利的。"

## 大写的创新者

1954 年，17 岁的王选怀着青春的憧憬从上海来到北京。北京大学以它雕梁画栋的皇家气派、兼容并蓄的文化风范，深深触动着王选的心，也让王选油然而生一股自豪感。那一刻，王选仿佛就已认定，自己将在这片圣地度过一生。

当时的北大校长马寅初，主张要把办学重点放在基础课上，因此，众多名师的引导，严格的数学训练，使王选顺利迈入了高等数学的殿堂，并为他日后从事计算机应用研究奠定了重要基础。人的一生虽然漫长，但关键时刻有时只是几步，走的路不同，命运会截然相反。大学二年级下学期，王选就遇到了这样的关口。

在此之前，系里是不分专业的，同学们上的是一样的基础课。三年级开始分成数学、力学和计算数学三个专业，学生要在大二下学期确定专业。专业的选择从某种程度上决定着一个人的发展方向甚至前途命运。系里一些尖子学生从中学时起就树立了勇攀数学高峰、摘取数学桂冠上闪耀明珠的宏伟志愿，数学专业自然是他们的首选。

在上世纪 50 年代中期的中国，计算机在人们心中还是一个遥远、神秘甚至陌生的梦想。计算数学在整个中国都是新兴学科，不但没有一套像样的教材，而且应用性强于理论性，包含大量繁杂琐碎、非创造性的技术工作，在多数人眼中不见得有高深的学问，前景也很渺茫，所以这个专业显得冷冷清清，乏人问津。

关心时事的王选还注意到，1956 年我国制定的《十二年科技发展远景规划》，把计算技术列为“未来重点发展学科”，周恩来总理也在不同讲话中强调，计算技术是我国迫切需要的重点技术。他想，一个人只有把自己的工作和国家的前途命运联系在一起，才有可能创造出更大的价值。

为了证明自己的观点，王选去图书馆查阅报刊资料，他看到著名科学家钱学森和中国科学院数学所专家胡世华撰写的文章，都讲到计算机将在航天工业、现代国防科学技术等领域发挥越来越大的作用，计算数学是一个前景十分广阔的领域。王选更坚定了信心，他决定，就选计算数学专业。这是王选一生中第一次重要抉择，体现出他与众不同的远见和洞察力，为日后的科研工作奠定了第一块基石。

## 收获爱情　重获新生

1958 年，中国进入“大跃进”时代，借着这一东风，科技界和高等院校掀起了研制计算机的热潮。中国科学院计算技术研究所在研制一台运算速度每秒一万次的大型电子计算机；北大在高校中一马当先，也决定研制一台每秒达一万次定点运算的计算机，如果成功，其运算速度可以列入当年世界前 10 名。在那个火红的年代，北大给这台计算机起了一个同样火红的名字——“红旗机”，由北京大学计算技术专业的创始人、北大红旗型计算机的总设计师张世龙负责具体研制任务，他把刚刚毕业的王选抽调过来，担任自己的“左膀右臂”。

王选以满腔热忱投入到“红旗机”的逻辑设计和整机调试工作中。他一头钻进了实验室，每天工作 14 小时以上，最紧张的时候 40 个小时都不曾合眼，熬完通宵回到宿舍，坐在床上就睡着了，等口水流下来，醒了，再脱衣服躺下。但一到机房，王选就变得格外精神，聚精会神地想出各种高招，解决一个又一个技术困难。同事们由衷地佩服，都称王选是“拼命三郎”。多年后，王选用“跌打滚爬”来形容在“红旗机”硬件第一线的战役，并对自己动手产生了深刻的认识。他说：“一定要在年轻的时候养成自己动手的习惯。在计算机领域内，只出点子从来不动手实践的人不容易出大的成果。一个新思想和新方案的提出者，往往也是第一个实践者，这似乎是一个规律。因为开头人们总会对新思想提出怀疑，而只有发明者本人才会不遗余力，承受一切艰难困苦、百折不回地予以实现；也只有发明者本人最清楚自己方案中的问题，能最有效地改进方案和克服实践过程中的各种困难以取得成功。”

1960 年，我国遭遇严重的自然灾害，因缺乏睡眠而十分疲惫的王选，又受到饥饿的折磨。当时米面都是定量供应，晚饭只能靠喝稀粥充饥。过度的疲劳和饥饿摧垮了王选的身体，1961 年夏，王选得了一场莫名其妙的大病，他低烧不退，胸闷憋气，呼吸困难，大夫诊断他可能得了不治之症。大病使王选不能再工作，1962 年，他不得不回到在上海的父母身边治病。

王选本就是个越挫越勇的人。养病期间，他觉得自己不能就这么无所事事地躺着，于是决定边治病，边学习，边钻研。

1965 年夏，王选身体稍有好转，便告别父母，回到北大，与陈堃銶等同事一起，在 DJS21 计算机上研制成功 ALGOL60 高级语言编译系统，在几十个用户中得到推广，被列入“中国计算机工业发展史大事记”中。更重要的是，从那以后，王选在软、硬件两方面的学术水平和实践能力有了一个质的飞跃，他再翻看外国文献时，常常能发现对方设计的不足，继而想出更好的解决方法。王选后来感慨地说：“从事软硬件相结合的研究是我一生中最重要的选择，我找到了创造的源泉，这是我能够承担激光照排系统研制的决定性因素。”

科研取得突破的同时，王选也收获了爱情，他和陈堃銶相恋了。陈堃銶个性顽强，正直善良，伶俐聪慧，生就一副银铃般的嗓音。她也求学于北大数力系计算数学专业，比王选高一届，毕业后留在数学系工作，担任过王选的辅导老师，所以，陈堃銶既是王选的师姐，又是他的“小老师”。更重要的是，两人性格互补，志趣相投，在一起有说不完的共同话题。

爱情是胜过世间一切良医的神药，加上计算机研究这副独特的补剂，王选终于走出生命的死亡线，重获新生。

在陈堃銶的精心照料下，王选的身体一天天好了起来。可他怎么也没有想到，因为在上海养病期间收听英语广播，被扣上了“偷听敌台”的“罪状”，被迫进学习班，写检查，“交代问题”。学习班虽然就在北大，但只有周六才让回家，周日傍晚，一听到学校广播站的开始曲，王选的心情就格外抑郁，觉得又要去住监狱了。在这之前，陈堃銶的教研室已有两位教师不堪忍受凌辱自杀了，形势肃杀。以前一些关系不错的同事见了王选，也都躲着不敢理他。王选的心情坏到了极点，甚至一度也产生了轻生的念头。好在有陈堃銶，她一边宽慰王选，一边在他周末回来时做些可口的饭菜，使其倍感温暖。每到周日，陈堃銶都夹着被子，把王选一直送到学习班，铺好床才走。

1969 年是王选活得最艰难的一年，幸亏有百般理解他、呵护他的妻子陈堃銶，两人相互搀扶着，终于挺过了这一关。王选后来感叹：“那些年，多亏有她我才坚持下来。一个人如果有真正信任你、理解你的妻子，是不会轻易自杀的。”

## 一块豆腐，一个除夕

王选信奉这样一句话：“机遇总是偏爱有准备的头脑。”就在他克服重重困难，坚持不懈地进行着科研储备之际，1975 年，机遇降临了。

1974 年 8 月，经周总理批准，我国开始了一项被命名为“748 工程”的科研项目，分三个子项目：汉字通信、汉字情报检索和汉字精密照排。

当王选听说“748 工程”时，已是 1975 年。他最感兴趣的“汉字精密照排”，当时国内已有 5 家单位在研制，而且实力都很雄厚。“病休”中的王选又能做什么？

1975 年春，他拖着还很虚弱的身体，日复一日地挤公共汽车去中国科技情报所查阅外文杂志。从北大到情报所车费是 2 角 5 分，少坐一站就可以节省 5

分钱，由于没有经费来源，车费当然无从报销，王选就提前一站下车，走到情报所。为了节省，他很少复印资料，而是动手抄在随身携带的笔记本上。图书管理员注意到，这个戴黄框眼镜的瘦弱男子一坐就是半天，手中不停地抄写着，笔迹密密麻麻，但整洁清晰。“我常常发现，我是那些杂志的第一个借阅者。”

很快，王选了解到，20 世纪 40 年代美国就发明了第一代手动照排机，到 20 世纪 70 年代，日本流行的是第二代光学机械式照排机，欧美则已流行第三代阴极射线管照排机。英国一家叫做蒙纳（Monotype）的公司正在研制第四代激光照排机，但还处于研制阶段，能查到的资料非常少，而且普遍反应困难重重。

我国当时已有 5 家攻关班子从事汉字照排系统的研究，其中有 2 家选择了二代机，3 家采用了三代机。在汉字信息的存储方面，这 5 家采取的全部是模拟存储方式。

经过分析研究，王选得出了第一个重要结论：研制汉字照排系统，首先要解决汉字信息的存储问题。模拟存储没有发展前途，必须采用“数字存储”的技术途径，即把每个字形变成由许多小点组成的点阵，每个点对应着计算机里的一位二进位信息，存储在计算机内。

陈堃銶完全同意王选的观点，她在工作之余，也参加到王选的研究中来，与他一起探讨如何实现这一方案。仔细一分析，两人被汉字字形庞大的信息量惊住了。

但是他不相信当时流传的一句话：计算机时代是汉字的末日，要想跟上信息时代的步伐，必须要走拼音化的道路。

王选拿出字典，琢磨着每个汉字的笔画，他很快发现了规律：汉字虽然繁多，但每个汉字都可以细分成横、竖、折等规则笔画和撇、捺、点、勾等不规则笔画。此时，王选的数学背景显示出意想不到的功效，一个绝妙的设计在他的脑海中形成了。他兴奋地对陈堃銶说：“我们可以用轮廓加参数的数学方法描述汉字字形，这样可以使信息量大大压缩！”

为了解决汉字压缩难题，王选带领着同事们一天三段不辞劳苦地工作，画逻辑图、布板、调试机器。由于国产元器件组成的样机体积庞大，有好几个像冰箱一样的大机柜，而且很不稳定，每次关机、开机都会损坏一些芯片，为了保证进度，只好不关机，大家轮流值班，昼夜工作。

他开创性地以“轮廓加参数”的描述方法和一系列新算法，研究出一整套高倍率汉字信息压缩、还原、变倍技术，从而使研制“激光精密照排”成为可能。面对科技攻关所遇到的困难，王选没有气馁，绝不言弃。

上世纪80年代初，有一个港商以月薪6万港币的薪酬力邀王选去香港工作，王选谢绝了这一邀请。

1979年，在清华大学做客座教授的麻省理工学院教授李凡诚邀请王选去麻省理工学院继续研究，并承诺负责他的所有费用，被王选委婉拒绝了。王选告诉对方：中国的汉字输出问题还要靠中国人自己解决。

从1975年到1993年的18年间，王选夫妇没有休过一个完整的节假日，每天上午、下午工作，晚上加班。有一年的除夕夜，工作后回家的夫妇二人发现冰箱里只有一块豆腐，就这样，二人用一块豆腐过了除夕。

## 拒绝诱惑　投身科研

改革开放以后，我国有几十家出版社、报社、印刷厂购进了5种不同品牌

王选在演讲

的美、英、日照排系统。参加北大748工程的协作单位，也有提出撤走协作人员的，王选的硬件组从最初热热闹闹的9人，走得只剩下王选和吕之敏两个人……

这注定了王选必将作出又一个重大抉择——进军市场，把技术变成产品。

1985年，Ⅱ型机系统接连获得中国十大科技成就、日内瓦国际发明展览金牌和国家科技进步一等奖等重大奖励。然而，面对这些荣誉，王选却有一种“负债心理”，认为如果国家的投资没有得到回报，科研成果没有推广应用，获再多奖也无济于事。

1985年11月，Ⅱ型系统通过鉴定仅半年后，王选和同事们又研制成功了华光Ⅲ型系统。主机由小型机换为台式机，体积更小、稳定性更强。陈堃銶带领软件组的同事开发出了先进的科技排版软件，同时，大报排版系统也在加紧研制中。

要使系统达到最高水平，必须能顺利排印大报、日报。可是，有哪家报社有勇气抛开已有百年历史的铅字排版，来冒这个险呢？这时，《经济日报》正被无法进一步提高印刷生产能力而困扰，当得知新华社试用汉字激光照排系统取得了很好的效果时，就主动请缨：开全国报社之先河，勇尝激光照排这只“螃蟹”。

要抛掉铅字，很有点铤而走险的意思，日报对时效的要求是极其严格的，大家都感到如履薄冰，因此采取了小心谨慎、循序渐进的方式，将版面一版一版逐步由铅排改为照排。1987年5月22日，《经济日报》的4个版面全部用上了激光照排，世界上第一张用计算机屏幕组版、用激光照排系统整版输出的中文报纸诞生了！

然而，一上日报，新系统的毛病全给逼出来了，一时间故障重重，错误百出，有几天甚至延误出报两三个小时。不明原因的读者纷纷来信指责。迫于巨大的舆论压力，报社领导不得不发出了最后通牒：必须在15天内排除故障，顺利出报，否则，退回到铅排作业！

王选和科研人员一起仔细分析，认定系统是先进的，在应用过程中出现一些问题是正常现象，完全有能力解决，于是决定“背水一战”，派出技术人员跟班作业，随时解决出现的“火情”。王选坚守在单位，随时与大家分析问题，设法解决，成了技术最高超的“救火队员”。在大家的共同努力下，险情终于一个个被排除，实现了顺利出报。

不久，王选和同事们研制成功了更先进的华光Ⅳ型系统，字形复原速度达到每秒 710 字，并具有强大的、花样繁多的字形变化功能。由于Ⅳ型系统以微机为主机，因而更便于推广。《经济日报》换装了这一系统后，质量和效益大幅提高。1988 年，《经济日报》印刷厂卖掉了沉甸甸的铅字，成为我国报业第一家“告别铅与火，迈入光与电”的报社，这一时刻，足以载入中国印刷史册。

《经济日报》应用的巨大成功，彻底消除了一些用户对国产系统“先进的技术，落后的效益”的担忧，国产激光照排系统开始在全国推广普及。

就在这时，1985 年进口美国 HTS 系统的那家报社找到王选，想要购买王选团队研发的国产系统。原来，美国人对汉字庞大的信息量一筹莫展，也没能掌握处理中文的规律，始终没能如期排出报来，使得这套价格高达 430 万美元的系统 3 年来一直未能投入使用，成了一堆洋垃圾。

王选领导研制的国产系统不但比 HTS 系统更早投入生产性使用，而且价格只有其 1/15！王选带着几个骨干去这家报社“会诊”，发现 HTS 系统从总体设计、核心技术到排版软件都比王选他们的系统落后两年以上。按照常理，王选完全可以请这家报社购买国产系统，这样既不必担风险，又有经济利益。但王选考虑到，这套 HTS 系统的许多硬件设备是先进的，是花国家的外汇买来的，应该尽量利用。所以他当即表示：“可以用我们的技术把系统改造好！”这正是王选的“好人观”：心地像赤子般善良，不会落井下石；心胸如海洋般宽阔，善于为别人考虑。从深层意义上看，这更是王选“爱国奉献”这一价值观的高度体现。

仅用了半年时间，王选和同事们就妙手回春，使这套系统起死回生，顺利出报。曾经“气壮如牛”的 HTS 公司提出要购买王选的专利技术，王选微笑着随口说了个天文数字，把对方吓了回去。HTS 公司的总裁被彻底折服，颓然叹道：“我回国后就辞职，今后世界上再不会有 HTS 公司了。”当时前苏联和东南亚多家华文报纸都在盯着 HTS 公司是否能拿下我国这家大报的大单，HTS 公司的失败使其声誉扫地，不久真的宣布破产，永远从地球上消失了。1989 年底，来华研制和销售照排系统的英国蒙纳，美国王安，日本写研、森泽等公司全部退出了中国市场。

## 关心青少年　后人楷模

王选院士不仅是一名伟大的科学家，而且始终关心青少年的健康成长。生前，他不顾体弱多病，欣然担任了中国青少年网络协会名誉会长。2003 年 12 月，已经病重的王选老师像接受记者采访一样接受了中关村三小几个小学生的采访。学生们准备得很充分，王选老师非常重视，回答问题也相当认真，给孩子们留下了深刻的印象。

2004 年 7 月 22 日，中国青少年网络协会第一次会员代表大会在北京举行，王选院士出席会议，并发表了语重心长的讲话。他指出，世界上从来没有一种技术像互联网这样，为青少年学习超过老一代的本领提供了便捷条件。他说，我们的老师当年超越前人的一个手段是什么呢？就是学贯中西。像季羡林、王

王选与年轻人在一起讨论

力他们这一代都是留学国外，他们比清朝那一代人的水平提高了一大步。而今天通过互联网，一下子就可以用最快的速度查找到最需要的信息。

现在，通过互联网，大家可以直接听到名师的讲话，条件不知道好了多少。所以，只要勤于学习，善于学习，你们一定能超过老一代。2005年5月16日，中国青少年网络协会等指导和主办的“中国eBook产业年会”在京举行。会上，王选院士作了题为《中国人在新兴领域应该有超过外国人的决心和信心》的讲演，极大地激发了青少年的民族自豪感和自信心。

王选院士攀登科学高峰壮心不已的精神，关心祖国未来甘当人梯的精神，将在亿万青少年的心中薪火相传，成为永远的丰碑。

# 丁肇中：用探索写一段中国情

要对自己有信心，做自己认为正确的事情，不因为大多数的反对而改变。

·人物语录·

·人物小传·

## 丁肇中

他出生在美国密歇根州的安娜堡，因为是早产儿，他有了美国公民身份。他在权威的批评和责难下毫不示弱，始终坚持对新的科学观点的探求，最终获得诺贝尔物理学奖。作为美籍华裔科学家，在诺贝尔颁奖台上他用汉语表达对人生、对科学的真知灼见，让中华之声响彻诺贝尔奖授奖大厅。他对祖国报以赤子之心，组织中国科技人才参与他的研究所，鼓励中国青年一代积极探索。

参天之木，必有其根。绕山之水，必有起源。2012 年 7 月 14 日，丁肇中带着自己的第三代回家（山东日照）了。为了回家，丁肇中的夫人苏珊特意给自己的外孙女和外孙起了中国名字。外孙女婕德叫“美玉”，外孙则用了丁肇中父亲的名字，叫“观海”。“让孩子知道自己的来源。”丁肇中说，“他们对中国的血统并不了解，因为在美国没有办法展现，所以要带他们回家。”

作为世界著名的物理学家，早在 1976 年，丁肇中就以发现“J 粒子”获得了诺贝尔物理学奖。在丁肇中的父母访问美国时，他在密歇根州的安娜堡出生，这个小意外使他具有了美国公民的身份。虽然入了美国籍，但他深深地知道他的根在中国。为了祖国高能物理的发展，他不辞辛劳，远涉重洋，多次回国从事学术交流和参观访问，促进了国际物理学界同中国物理学家的合作。

## 兴趣使我不会疲倦

丁肇中的母亲研究的是儿童心理学，也是他小学的启蒙老师。当被问及成功的秘诀时，丁肇中表示自己没有资格回答，因为“每个人的成长背景不一样”。但他显然继承了母亲的衣钵，用最简单的语言就说出了最真实也是最难实践的道理——根据兴趣选择专业。

丁肇中出生两个月后，父母把他带回中国。由于战乱，丁肇中的小学课程基本是父母在家教授的，他说：“由于当时中国的境况，我一直是一个难民，不断地从一个地方逃到另一个地方。当然，那时使我不可能得到任何的正规教育。”在他 12 岁时，随全家迁往台湾，才进中学读书，因而十分珍惜上学的机会。

丁肇中对数理化兴趣浓厚，1956 年，20 岁的他只身一人从台湾到父母的母校——美国密歇根大学深造。当时，他念得是机械工程这一热门专业，老师发现他不会计算机，不会画图，但数学、物理成绩优异，建议他转念物理。

丁肇中通览了物理学发展史后，也看清了自己要走的路。对于他来说，近代物理学就像是一个大旋涡，其中心部分就是实验高能物理学。越接近这个旋涡的中心吸引力就越大，丁肇中就越离不开它。

在大学里，他废寝忘食，埋头书斋，图书馆——实验室——食堂——宿舍，是他生活的轨迹。尽管美国大学里课余生活丰富多彩，却很少看到丁肇中的身影。同学们嘲讽他：塞缪尔（Samuel是丁肇中的美国名字）真是个怪人，学习顶呱呱，可惜不合群。 在学习上，丁肇中并不满足于几本教科书以及教师指定的参考书，他决心系统地、深入地搞清整个近代物理学的来龙去脉，及时地、广泛地了解近代物理学的最新成就和发展趋势。他饶有兴趣地研究物理学大师们的经典著作，博览物理学期刊。

尽管丁肇中刚去美国时，口袋里只有100美元，而且举目无亲，英语也不太纯熟，但经过三年努力，他获得了数学及物理学硕士学位。又过了两年，他荣获了物理学博士学位。一些美国同学都称他为“奇人”。尔后，他到哥伦比亚大学、麻省理工学院任教，接着从事科研工作。如此算来，从念大学到读博士再到搞科研，一般人大约需十多年时间，而他只用了6年。

“密歇根大学的经历对我一生影响最大。”丁肇中说，高中生并不太了解哪个学科好，学校给了他很多的帮助。从那时起，他就一生与物理为伴。“我学物理纯粹是为了兴趣，不为名不为利，做实验才是我一辈子最重要的事。”最终，他的兴趣给了他最高的荣耀。

## 领导“物理学的十一月革命”

对于人才来说，逆境往往如同命运之神特意安排的一段里程那样，苛刻地检验着每个立志有所作为的人，检验着他们成才的勇气、信心和素质。丁肇中就是这样的一位在逆境中坚持自己的人。

1972年，丁肇中向布鲁克海文国立实验所提出了寻找新粒子的计划。由于这一实验费用多、难度大，所以，他的计划一出台，便受到来自各方面的批评和责难。“即使丁肇中的实验能够搞起来，也没有什么价值。在丁肇中计划实验能量区域内，新的长寿命的重粒子是根本不存在的，这是一般教科书上的常识。”一位著名的物理学家这样断言。“丁肇中的实验纯属劳民伤财，在他那个实验能量区域内，即使有什么新的粒子出现，也不过是些宽度很大的粒子。”又一位权威的物理学家给他泼冷水。

对于来自各方面的非难，丁肇中毫不示弱。他坚信自己的预见，决心向常识挑战。他对那些权威们说：“先生，这不是不懂常识的问题，而是要靠事实来回答的问题。什么叫常识？常识就是不经证明而常常引用的知识。一个人不可不懂常识，但是过分迷信常识的科学家，往往就会错过一些重大发现的机会。”他再三告诉自己的实验组成员：“不要管反对意见是多么不可一世，决不要放弃自己的科学观点，要毫不胆怯地迎接挑战，要始终坚持对科学观点的探求。”

丁肇中和他的团队在实验室里夜以继日地工作，事实证明他的观点是对的，经过两年多的全力攻关，他向全世界宣布发现了一种未曾预料过的新的基本粒子——J 粒子。这种粒子有两个奇怪的性质：质量重，寿命长，因而它一定来自第四夸克，这推翻了过去认为世界只有三种夸克组的理论，为人类认识微观世界开辟了一个新的境界，被称为是“物理学的十一月革命”。

J 粒子的发现，在当时物理学界掀起了轩然大波。这件意料不到的事，使实验物理学家和理论物理学家都大为惊异：现有的基本粒子理论中出了一个大漏洞，为什么先前没有预料到它的存在呢？此刻，那些曾经嘲讽、攻击过丁肇中的权威们，在事实面前也只好认输了。

美国发行量很大的《新闻周刊》为此撰文评价道：“这是基本粒子科学的重大突破，对于近半个世纪以来，物理学家努力寻求解析自然界的基本结构，具有重大的意义和贡献。”1975 年 2 月 14 日，当时的美国总统福特也发来了贺电：“得知你们发现了新的、寿命更长的重粒子，我深感兴趣。在此，我谨代表美国人民，祝贺你和你的同事致力于此项重大发现的努力和贡献。”J 粒子发现两年之后，丁肇中荣获了 1976 年度的诺贝尔物理学奖，那年他仅 40 岁。

## 诺贝尔领奖台上的中国声音

1976 年 12 月 10 日下午 4 时许，在瑞典首都斯德哥尔摩音乐厅内，丁肇中跟其他诺贝尔奖获得者一道，在受奖席上就座。能容纳 2000 余名观众的大厅内，坐满了外国来宾、瑞典社会名流。大厅门口，挤满了头戴白幅、手持彩旗的大学生。

按照惯例，在诺贝尔奖授奖仪式上，获奖者要用本国语言发表演讲。丁肇中是美籍华裔，因此，在授奖典礼上，他必须用美国语言——英语发表演讲。但丁肇中认为自己是中国人的后代，只不过是在美国的土地上出生而已。他决心实现自己的愿望：让中华之声响彻诺贝尔奖授奖大厅。

于是，他向瑞典皇家科学院请求：在授奖仪式的即席演讲中，先用中文讲，后用英文复述。当时的美国政府得知此事后，曾竭力阻挠。但丁肇中坚持己见的性格促使他去据理力争，终于获准。

“得到诺贝尔奖，是一个科学家最大的荣誉。我是在旧中国长大的，因此，想借这个机会向发展中国家的青年们强调实验工作的重要性。中国有句古话‘劳心者治人，劳力者治于人’，这种落后的思想，对发展中国家的青年们有很大的害处。由于这种思想，很多发展中国家的学生都倾向于理论的研究，而避免实验工作。事实上，自然科学理论不能离开实验的基础，特别是物理学更是从实验中产生的。我希望由于我这次得奖，能够唤起发展中国家的学生们的兴趣，而注意实验工作的重要性。”

丁肇中精神抖擞地发表演讲，他是在用汉语做激动人心的传道。这短短200来字的讲演，令人耳目一新，却又言简意赅：它既包含了丁肇中二三十年来对人生、对科学的真知灼见，又包含了他对中华民族、祖国母亲的赤子深情。

自诺贝尔奖1901年问世以来，在500多位获奖人中，继李政道后又一个用中国人民的主要语言——汉语在这里发表演讲。台下2000多位来宾，并没有因为听不懂汉语而不满，恰恰相反，大家都在全神贯注地听着，而且对这位杰出的中年物理学家更增加了敬佩之情。

此刻，坐在主席台上的一位白发苍苍的中国老人，禁不住热泪盈眶，他就是丁肇中的父亲丁观海。他是专程从台湾赶来瑞典参加儿子受奖仪式的中国老工程学者。丁肇中在诺贝尔奖颁奖仪式上，如愿以偿地抒发了作为中华民族后代的自豪感。此情此景，令当时的每一个中国人激情澎湃，永生难忘。

## 难以割舍的故国情

1975年11月7日，丁肇中乘坐的飞机降落在北京机场上。在这之前，他透过飞机的舷窗，深情地注视着阡陌纵横的中国大地，想到就要见到阔别28年的亲朋好友时，他神情激动。这时，他的姑姑、姑夫们都已成了老人，幼年时一起玩耍的堂姐，也已人到中年了。令在场的人们想不到的是，他竟一眼认出了每个人。他一面兴奋地和大家握手，一面称呼着每个人："二姐""大姑夫""姑姑"……

一位前去迎接他的中国科学院负责人见此情景，在一旁开玩笑说："丁教授，你这是回到了娘家！"丁肇中听了，不以为然地说道："怎么说是回娘家，我是回到了自己的家！"回到中国，他在北京饭店的一个套房里安顿下以后，特地到商店买了一套布料的中山装穿上，诙谐地对身边的陪同人员们说："回到中国，就不能再像个洋人，而要和普通的中国人一样！"沉吟片刻，又说："我要穿上这套衣服，照一张相片，寄到美国去！"

在中国逗留的一年中，丁肇中兴致勃勃地到工厂、农村、学校和科学研究单位参观访问，他亲切地同工人、农民、学生和科技人员们攀谈，一路上所见所闻都感到很新鲜，他对幼年时住过的地方也是一往情深。

1978年春天，在丁肇中的努力下，中国科学院高能物理研究所的第一批科技人员来到汉堡的电子同步加速器研究中心工作，他在这个中心主持一个实验组。丁肇中领导的实验组共有5个协作单位7个国家的30多位科学工作者组成。5个协作单位是：美国麻省理工学院，德国电子同步加速器研究中心、亚琛大学，荷兰高能物理研究所，以及中国科学院高能物理研究所。

在丁肇中教授的热情指导下，中国科技人员分别在漂移室、计数器、电子学、计算机在线和计算机离线上学习和工作。在丁肇中身边工作，中国科学家每天要做十几个钟头的实验，没有午休，没有周日，连走路、吃饭也在思考。不到半年，他们基本闯过"语言关"；两三个月后，学会独立使用计算机分析数据，并能对实验提出自己的独特见解。

他们和各国同行一起制造各种探测器，检验电子学仪器，学习取数据和分析数据，并且代表丁肇中小组首次在美国物理年会上报告实验结果，当大会主

丁肇中

席向与会学者介绍“这是中国代表首次在美国物理年会上作学术报告”时，场上响起了一片极为热烈的掌声。

“树高千丈，落叶归根。我是树高一丈，也落叶归根。”这是丁肇中教授在 2011 年东南大学演讲时的开场白，近年来，他愈加频繁地回到祖国，积极与高校进行合作，鼓励青年一代积极探索实验，交流自己的经验和研究成果。

“J 粒子”把丁肇中带上了荣誉的顶峰，36 年过去了，丁肇中至今仍奋战在国际高能物理实验第一线。谈到退休问题，他说：“几年前，我的太太代我到麻省理工学院去问，假使我退休以后会有什么样的待遇。那里的人回答，要是现在退休，每年的收入会高一倍。但是，退休以后，你不能领导实验，可以参加，但不能领导。钱对我没有什么意义。”真理没有止境，丁肇中科学探索的步伐也不会停止。

# 陈省身：让人生尽享数学之美

我只是想读懂数学，如果一个人的目的是名利，数学不是一条捷径。应该为理想做点事，为中国人做点事。

·人物语录·

·人物小传·

## 陈省身

他是 20 世纪最伟大的几何学家之一。他荣获国际数学界的最高奖“沃尔夫奖”，被誉为“微分几何之父”。他一生辛勤，在整体微分几何上的卓越贡献，影响了整个数学的发展，被誉为继欧几里得、高斯、黎曼、嘉当之后又一里程碑式的人物。2004 年，一颗永久编号为 1998CS2 号的小行星以他的姓名命名，以表彰他对全人类的贡献。

走进美丽的南开大学校园，在校园的一角，矗立着一座朴素淡雅的两层小楼——宁园。在这座小楼里，推门便见“几何之家”几个字，仿佛诉说着一位现代微分几何学的大师和他的数学花园的故事，这位数学大师，就是陈省身。

## 喜爱数学，觉得既有趣又容易

1911 年，陈省身生于浙江嘉兴秀水县。他的童年时代是在故乡度过的，江南水乡，地杰人灵。

幼年时，陈省身自学了家里那套《笔算数学》，无师自通就会做书中的题目。9 岁那年，陈省身考入秀州中学预科一年级。这时他已能做相当复杂的数学题，并且读完了《封神榜》《说岳全传》等书。

1922 年秋天，11 岁的陈省身和全家迁往天津。第二天年年初，陈省身进入当时的扶轮中学学习。自幼对数学极有天分的陈省身，在班上年纪虽小，但已充分显露在数学方面的才华。

1926 年，陈省身中学毕业，报考了南开大学。他从南开中学借来一本在扶轮中学没有学过的解析几何教材，自学了三周便去参加考试，并被南开大学录取了。事后他才知道，自己的数学成绩竟然在全体考生中名列第二。

就这样，未满 15 岁的陈省身考入南开大学学理科，是全校闻名的少年才子，学得轻松自如。周围同学虽然比他大，但好多问题仍要向他请教，他也非常乐于助人。

当时的南开大学第一年不分科系，陈省身在二年级时选择进入数学系。原本陈省身和他父亲都认为物理很“要紧”，只是陈省身不喜欢做实验。因为物理和化学都要实验，他“只能”选择了不用动手的数学系。

多年之后，别人问起陈省身当年为什么学数学，他谦虚而风趣地回答道：“当时我中英文都不好，又不会做实验，就只好读数学了。”

1930 年，陈省身从南开大学毕业，进入清华大学当助教。

## 师从法国数学大师嘉当

清华大学从 1930 年起创办研究院，规定三年毕业后授予硕士学位，成绩优异者可派往国外留学两年。1931 年，陈省身考入清华大学数学系，那一年，只录取两名研究生，他是其中之一。

1932 年春天，德国汉堡大学数学教授布莱希特到北京大学讲学，他是 20 世纪最伟大的数学大师之一。布莱希特的到来，对陈省身产生了重要影响。1934 年，陈省身获硕士学位毕业，成为中国自己培养的第一名数学研究生。由于成绩优秀，陈省身本可被派往美国留学，却因景仰布莱希特，申请去德国汉堡大学。这一选择对陈省身的学术生涯具有决定性的意义。

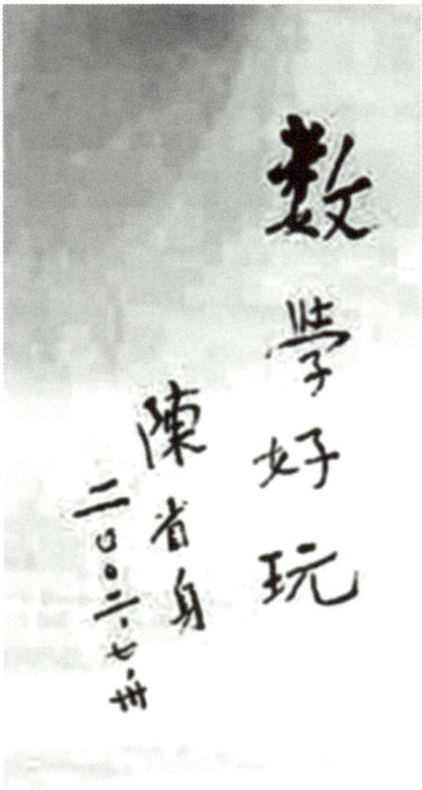


陈省身先生亲笔书写的“数学好玩”

1934 年 9 月，陈省身来到汉堡大学学习德语，等待 11 月开学。开学之前，布莱希特给陈省身几篇自己新写的论文复印件，陈省身在仔细阅读后，发现一篇论文其中存在一个漏洞。布莱希特很高兴，并让他设法补正。一个月后，陈省身不仅补齐了证明，还扩展了布莱希特的定理。他在汉堡的第一篇论文就这样发表在汉堡的数学杂志上。

不仅如此，陈省身的博士论文在他到汉堡一年之内就完成了。

1936 年夏，陈省身又得到了到法国跟随数学大师嘉当学习的机会。

嘉当从事微分几何研究，是世界著名的几何大师。仰慕他的学生非常多，即使希望在办公室见他一面都要排长队。陈省身回忆当时的情况：“刚开始见到嘉当，他给我很多题目，有些我会做，有些是做不出来的。做不出来我就不敢见他。后来跟他学习了一段时间，渐渐地会做很多题目了。”在众多学生中，嘉当敏锐地发现了陈省身的才华，特地允许他每两周到自己家里面谈一次，每次一个小时。

陈省身在巴黎紧张地学习了10个月，写出了3篇论文，但他的收获远远不止这些。一年后离开法国时，他对微分几何已有了相当深刻的理解。

日后陈省身说：“当时能够理解嘉当工作的人还不多，我得意的是很早就进入到这一领域，熟悉了嘉当的工作。因此后来我能应用他的发展方向，继续做出一些贡献。”

## 完成“高斯－邦尼”公式证明

1937年，抗日战争爆发前夕，他本着爱国之心，毅然回国，被母校清华大学聘为教授，这时他不过才26岁。他以为自己将在清华园终此一生，不料抗日战争爆发后，几经辗转，他来到清华、北大、南开在昆明共同组建的临时大学——西南联合大学任教。

战争期间，学校的图书文献资料奇缺，幸运的是嘉当时常从巴黎给陈省身寄来前沿的论文资料，让他可以继续研读，并使嘉当的理论成为近代数学主流之一。

期间，陈省身每年都有论文在国外发表，数学成就越来越受到国际数学界的瞩目。

1943年，美国普林斯顿高级研究院邀请他做访问学者。普林斯顿高级研究院是当时世界数学中心，并邀请到了爱因斯坦、德国大数学家韦尔等一些赫赫有名的大师到来。

在普林斯顿仅仅两个月的时间，陈省身就完成了“高斯－邦尼”公式的证明。他认为这是他一生最得意的文章。

接着，他由此又引入以后被称为“陈省身示性类”的著名工作，对数学乃至理论物理的发展都产生了极其深远的影响。当代著名几何学家霍普夫，在一篇谈到陈省身的文章中写道：“微分几何进入了一个新时代。”

正当陈省身在普林斯顿取得辉煌研究成果的时候，抗日战争胜利了。他毅然决定回国，离开条件优越的普林斯顿，到清华大学任教，以实现振兴祖国近代数学的夙志。

回国后，陈省身辗转来到上海，奉命组建中央研究院数学所。

在他看来，要办好研究所，最重要的是培养新人。他给国内各著名大学数学系写信，请他们推荐三年内毕业的最优秀的学生。这样陈省身招来了十几名活跃的年轻助理研究员，这些人后来都成了中国数学界的中坚力量。

## 荣获国际数学界的最高奖——沃尔夫奖

1949 年元旦，陈省身一家迁居美国旧金山。为赡养四口之家，他应芝加哥大学聘请前去任教。西南联大的两名高材生杨振宁、李政道当时正在那里攻读博士学位。

在芝加哥大学，陈省身培养出 10 位美国历史上第一批高水准的几何博士。

1981 年，陈省身在加州大学柏克莱分校筹建以纯粹数学为主的美国国家数学研究所。研究所建成后，他是第一任所长，直到 1984 年退休。

由于陈省身在整体微分几何上的卓越贡献，影响了整个数学的发展，他曾获美国数学学会的肖夫内奖，后又荣获国际数学界的最高奖——沃尔夫奖（诺贝尔奖没有设数学奖项）。

在纪念美国数学会成立 100 周年时，著名数学家奥塞曼指出：“使几何学在美国复兴的极有决定性的因素，我想应该是 40 年代后期陈省身从中国来到美国。”

诺贝尔奖获得者杨振宁是陈省身在西南联大任教时的高足。杨振宁说，有很多学者不大擅长给学生上课，自己的想法有的时候讲不出来，但陈先生讲课非常有条理。“陈先生上课非常奇妙，简直像变戏法一样。一句话就能把我苦思冥想的问题解决，这足见陈先生的大智慧。”

1975 年，杨振宁写了一首诗，在国际数学界广为传颂：“天衣岂无缝，匠心剪接成。浑然归一体，广邃妙绝伦。造化爱几何，四力纤维能。千古存心事，欧高黎嘉陈。”杨振宁把陈省身誉为继世界数学大师欧几里得、高斯、黎曼、嘉当之后又一位划时代的巨匠。

## 将中国变成21世纪的数学大国

陈省身功成名就之时，更加怀念故园，报效中华的愿望也越加强烈。1972年尼克松访华，中美关系刚刚开始解冻。这年9月，他首次携夫人和女儿回国访问，在踏上阔别了24载的故土的瞬间，他禁不住两眼湿润了。

这次回国，他受到当时中科院院长郭沫若等的会见。1977年9月26日，当陈省身再次回国时，邓小平亲切会见了他。这对陈省身而言是一个历史性的时刻。

此时，“文革”已经结束，国内科学开始复苏，陈省身意识到，中国必将迎来数学的春天。陈省身一心想把他最后的心血贡献给中国数学事业的发展。1984年，中国教育部聘请陈省身担任南开数学研究所所长。一向醉心于数学研究工作的他，不愿担任行政工作，而这次欣然接受了任命。

1985年10月17日，南开数学研究所正式成立。在成立大会上，陈省身郑重表示，要为数学所乃至中国数学事业的发展鞠躬尽瘁，死而后已。

在筹建南开数学研究所时，他捐款1万美元，捐书7000余册，还有3辆轿车，并立下遗嘱：将自己遗产的三分之一用于南开数学所。随后他又将所获沃尔夫奖的全部款额5万美元，捐献给了数学研究所。

开始，人们都以为陈省身的所长只是名誉性质的，具体事务恐怕要交给副所长胡国定了。胡国定听到这话后连连摆手说：“这是莫大的误解。”

陈省身每年来南开两次，每次待两个月。在他返美期间，数学所大小事宜皆由胡国定通信联络。往往陈省身给胡国定发出一信，未等回信，就又发出另一封。他的每封信都编上了号，信中事务也排上序号，总有十多项。有一次，陈省身来信说，某号信的某一项胡国定尚未给予答复，这就使胡国定也不得不把信编上了号。

陈省身把南开数学所当成自己的儿女一样呵护与培养，每年都会邀请一些有名的数学专家前来讲学。

在南开数学所成立的第二年，即1986年，陈省身当选为首批中国科学院外籍院士。

## 是那颗小行星把陈先生给带到了天上

陈省身常说，未来的数学大国在中国。

于是，“21 世纪中国要建成数学大国”这个“陈省身猜想”便在数学界广为流传。

1998 年，他再次捐出 100 万美元建立“陈省身基金”，供南开数学所这个中国数学基地发展使用。

2001 年，陈省身又有一个设想，那就是在南开大学建立国际数学研究中心。2001 年 7 月 22 日，南开大学副校长胡国定给中央写信，以陈省身的名义申请建立国际数学研究中心，获得了批准。这是陈省身主持创办的第三个数学研究所，多年来造就了多个世界知名的数学家。

他培养了大批优秀的博士生，其中很多已成为国际著名数学家，如获得数学“菲尔兹奖”、继陈省身之后的第二个获沃尔夫奖的华人数学家丘成桐，以及获得首届国家最高科学技术奖的吴文俊等。

2000 年，陈省身与夫人回南开大学定居，亲自为本科生讲课，指导研究生，招揽人才，推动南开数学学科的发展，为我国的数学事业作出了重大贡献。

2004 年 12 月 3 日，这位伟大的数学家在天津辞世。当天晚上，难以计数的学生自发围在湖畔，手捧蜡烛，为陈先生守夜。

就在陈省身辞世一个月前，国际天文学联合会小天体命名委员会将一颗小行星命名为“陈省身星”。有人说，是那颗小行星把陈先生给带到了天上。

在病重住院时，陈省身还同医生开玩笑说：“我若是不行了，就到数学圣地希腊去报到。”弥留之际，陈省身用颤抖的手写下“希腊”二字。在最后一息，他仍向往着数学圣地……

# 袁隆平：身价“千亿”的农民

你把名利看淡薄一点，失败了没有关系。哪有搞科学研究不失败的呢？

· 人物语录 ·

· 人物小传 ·

## 袁隆平

又黑又瘦，脚蹬水靴，头戴草帽，站在田间——这就是他的肖像。但他是身价千亿的著名“农民”，他让十几亿中国人远离饥饿。他捧出了拯救世界性饥饿的法宝——杂交水稻，创造了一个风靡世界的“绿色神话”。在浩瀚的宇宙中，闪耀着一颗以他的名字命名的小行星。他是真正的耕耘者，他是智慧与奇迹的化身。他是中国杂交水稻之父袁隆平。

没有挨过饿的人不知道袁隆平先生的价值。

“一日三餐，米香弥漫，饱食者当常忆袁公。”看到这句话，我们总有一种莫名的心动。在物质极大丰富的今天，或许这样一种场景离你非常遥远：道路边、田埂间、大桥下，常有人因吃不饱饭晕倒，甚至死于饥饿；草皮树根均可入食，只是为了填饱肚子；把饭蒸两次，饭量就会增加一半；冬夜睡觉时因吃晚饭而手脚冰凉，无法捱到天明……

民以食为天，盘古开天辟地，从人类诞生的那一刻起，摆脱饥饿、奋力生存便成为人类的主题。人类在漫长的生息绵延过程中从未停止过对饥饿的抗争，从未停歇过对粮食的渴望。然而，面对严峻现实，世界陷入了粮食恐慌，人们连连发问：谁来养活中国，谁来养活世界？

在人类发展的关键时刻，一位“神农”捧出了拯救世界性饥饿的法宝——杂交水稻，创造了一个风靡世界的“绿色神话”。这个被冠名为“东方魔稻”的奇迹让中国人看到生的希望，也让世界人民远离饥饿。

这位喂饱我们肚皮的“农民老大哥”就是杂交水稻之父——袁隆平。从战乱中的逃难娃成为享誉世界的科学巨人，袁隆平带给我们的是一个充满智慧和奇迹的传奇故事。

## 颠沛磨难初长成，投身学农志坚定

袁隆平成长的年代，正值日寇的铁蹄践踏中国。年幼的他随父母四处迁徙，尝尽逃难的艰辛。火光冲天、尸横遍野的悲惨景象让袁隆平从小就懂了一个道理：弱肉强食。从那时起，他树立了和祖国同呼吸共命运的决心。

因为兴趣所在，他在大学填报志愿时选择了学农。面对贫穷落后的农村，他更加坚定了信心，立志改造农村，为农民做实事。大学期间，他阅读了国内外多种中外文农业科技杂志，对学术孜孜以求。年轻学子袁隆平对权威学者并不盲从，他常把搜罗到的各国学术书籍仔细研究，去感悟、去分析，最后得出自己的结论。他始终坚信吸收科学知识更重要的是靠理性来判断其价值，这在当时已显出一个青年人的大胆思辨和成年人的缜密老练。

## 躬身田畴心不改，杂交情缘定终身

大学毕业，踌躇满志的他远离了繁华的都市，选择了偏远的湘西农村。在农校教书的日子里，他利用课余时间走出课堂，走向田埂。烈日当空，农民在榕树下歇息，袁隆平依然头顶烈日，在田里劳作。

偶然的机会，他发现一株“鹤立鸡群”的稻株，由此灵感一现，萌生了培育杂交水稻的念头。然而，袁隆平的设想与传统的经典遗传学观点相悖，许多权威学者认为他是蚍蜉撼树，周围充斥着反对声甚至嘲笑声。但他在反复思考、探索之后，更加坚信自己的想法。

为了找到意想中的稻株，他吃了早饭就下田，带着水壶与馒头，一直到下午 4 点左右才返回。艰苦的条件和不规律的饮食，让他患上了肠胃病。六七月份的天气，他每天都手拿放大镜，一垄垄、一行行、一穗穗，大海捞针般在几千几万的稻穗中寻找，汗水在背上结成盐霜，皮肤被晒得黑里透亮，连常年扎在水田里的农民都自叹不如。

正是凭着这种坚韧不拔、勇敢顽强的意志，在勘察了 14 万余株稻穗后，经过两年的探索、试验和研究，他终于写成引起国内外科技界高度重视的“惊世”论文《水稻的雄性不孕性》。从此，“杂交水稻”这四个字伴随了袁隆平的一生，成为他毕生不懈追求的事业。

动荡年岁经风雨，于无声处听惊雷 。论文的发表标志着袁隆平正式走进了杂交水稻研究领域，但在那个年代，它无疑被视为反动学说。随后，“黑五类”、“现行反革命”等那个年月里最触目惊心的罪名一一加在了他身上。几十个实验用的瓶瓶罐罐被砸碎后，杂交水稻研究也跟着他一起变得岌岌可危……

袁隆平饱尝被孤立的痛苦，但“让所有人都吃饱饭”的诺言让他意志异常坚定，每当遇到阻力的时候，他都告诫自己戒骄戒躁，为长远打算。试验器材被捣毁，他就偷偷拿着手电筒，将残存的秧苗一株株收拾好带回家中，藏在臭

2010 年 7 月 29 日，袁隆平在察看广西宁明县明江镇洞廊村受灾后的超级稻。

水沟里；700 多株试验材料再次被毁，他忍住悲愤走进烂泥巴田里寻找劫后余生的秧苗；为躲避政治斗争，他带助手到海南开展试验，连续 7 年春节都在外面度过，遇到台风暴雨天气，就卸下门板，将秧苗抱到门板上转移到安全的地方；即便是在大地震来临时，也不顾生命安危保护种子，因为余震不断，为了把试验继续进行下去，他们就在操场的草席上睡了整整三个月……

寒来暑往，草木枯荣，杂交水稻的研究过程中面临着许多困难，需要极大的耐心和韧性，袁隆平凭借自己的智慧和执著将困难一一化解。在潜心研究的过程中，海南“野败”的发现让他欣喜不已，多年来天南地北的长途跋涉、不眠不休，从那一刻起有了重大收获。1974 年，袁隆平在安江农校试种的“南优

2号”杂交稻亩产628公斤，与常规稻亩产150公斤相比，简直是天壤之别。

1976年是我国杂交水稻研究的关键一年。袁隆平和他的助手们用勤劳和勇敢揭开了我国杂交水稻大面积制种、推广的序幕。

## 苦尽甘来人依旧，淡泊名利爱无疆

杂交水稻研制成功后，各种荣誉纷至沓来：国内第一个特等发明奖、“杂交水稻之父”、国家首个最高科技奖……袁隆平也从一个躬耕田畴的农业科学家成了身价千亿的“富翁”、两院院士、集团董事。面对荣誉，袁隆平有着清醒的认识。社稷黎民，苍生天下，他一直以此为念。“我今生最大的心愿是让杂交水稻更多地造福世界。我希望杂交稻不仅对建设中国的和谐社会做贡献，也希望为建立世界和平做贡献，我认为这应该是中国对世界的贡献。”袁隆平说。

2004年，袁隆平当选为“感动中国”年度人物，大会给他的颁奖词这样写道：“他是一位真正的耕耘者。当他还是一个乡村教师的时候，已经具有颠覆世界权威的胆识；当他名满天下的时候，却仍然只是专注于田畴，淡泊名利。一介农夫，播撒智慧，收获富足。他毕生的梦想，就是让所有人远离饥饿。喜看稻菽千重浪，最是风流袁隆平！”这正是袁隆平一生的写照，他用他的人生诠释了胸怀天下、无私奉献的精神。

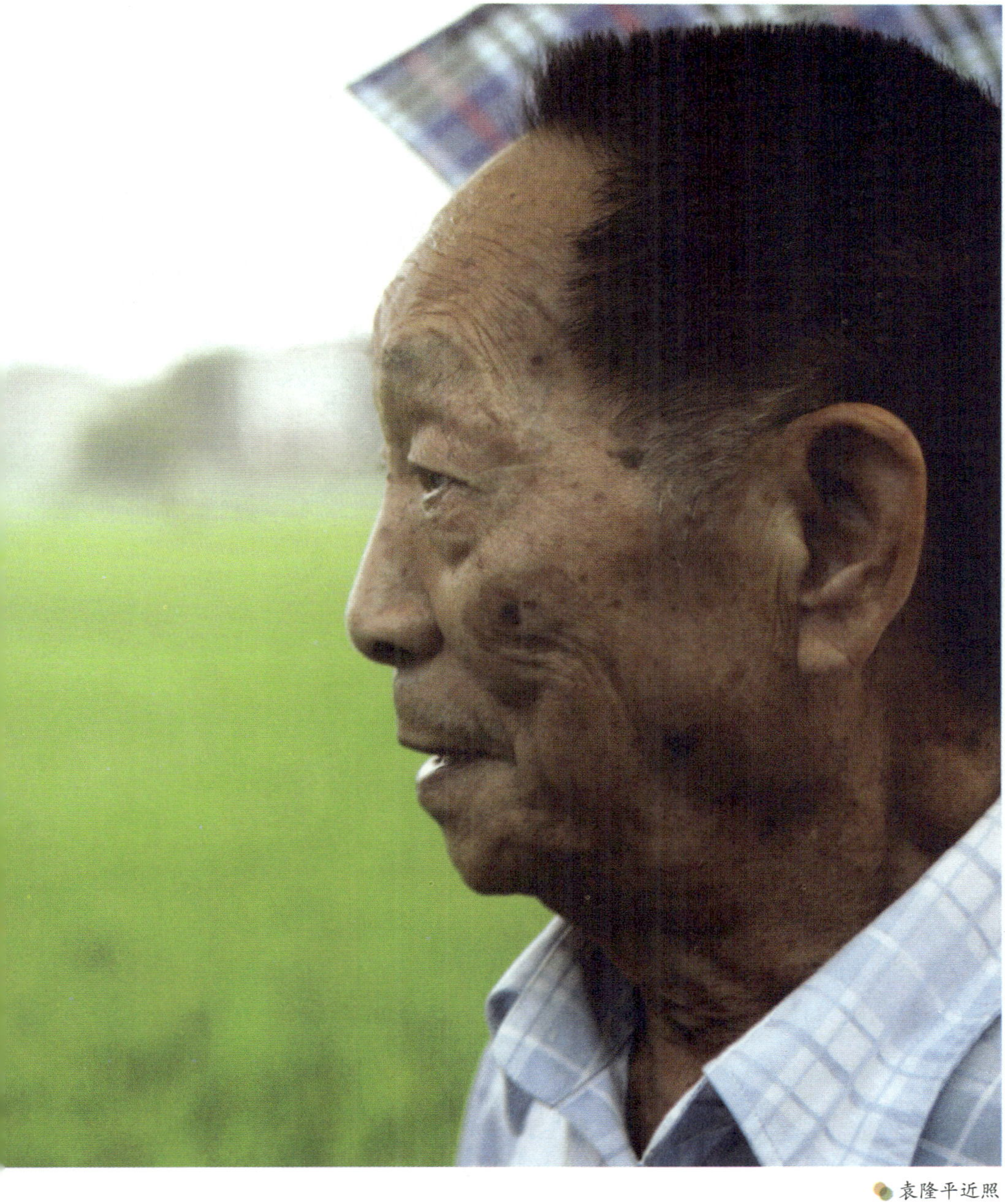

袁隆平近照

业余时间，袁隆平积极参加体育活动。

如今，八旬老人袁隆平仍然精神矍铄，昼夜躬耕于稻田，身价千亿的他身着35元的衣服，做着“禾下乘凉”的超级水稻梦。

天行健，君子以自强不息；地势坤，君子以厚德载物。袁隆平是一个真正的探索者，一个真正的耕耘者，更是一个大爱无疆的仁者。他的贡献已经超越了杂交水稻，他给整个民族留下了一笔绵延世代的宝贵精神财富。他是属于中国的，更是属于世界的。他以他的执著和真诚征服了全世界，也赢得了世人的尊重和敬仰。在浩瀚的宇宙中，闪耀着一颗以他的名字命名的小行星。而袁隆平则是我们仰望苍穹时去追寻的一个在科学和自然的天空中发出耀眼光芒的明星。

# 丁颖：稻田守望者

真诚的科学工作者，就是真诚的劳动者。要有科学家的头脑，种田人的身手。

·人物语录·

·人物小传·

## 丁　颖

他是“中国稻作学之父”，是留洋归来的教授，但在学生眼里他是“丁师傅”，在农民兄弟眼里他是“谷种佬”。他从“数千年来民族文化之酿成品”传统经验农法中汲取智慧和力量，结合科学理论、艰辛求索，创造了中国稻作学史上的多个第一。从立志学农到与世长辞，整整 65 年，他以“蚂蚁爬行的方式”践行了他的誓言。他是一名真诚的知识分子，一名真诚的教育者，一名真诚的科学工作者，一名真诚的劳动者。

提起袁隆平，家喻户晓——“中国杂交水稻之父”，因为他在20世纪70年代开创性的研究多养活了数亿华夏子孙后代。但是，我们可能忽略了，袁隆平之前是谁？20世纪70年代之前是谁培育的良种养活了我们的父辈？”答案并不是每个人都知道。

这个人就是被称为“中国稻作学之父”的丁颖。这位真正的耕耘者，早年为寻求“农业救国”之路，坎坷留学12载。尔后的40余年，他从传统经验农法中汲取智慧和力量，结合科学理论，艰辛求索，创造了中国稻作学史上的多个第一。

他早年培育的“中山一号”是世界上第一次用野生稻种与栽培稻自然杂交育种的成功尝试，在国内累计推广60载，推广面积高达1亿多亩；他选育出世界上第一个“千粒穗”水稻新株系；他的著作《中国栽培稻种的起源及其演变》令人信服地论证了华南是中国水稻发源地，也是世界水稻发源地之一……

丁颖的一生如同他培育的稻种一样，耐寒、坚韧、高产。像所有米粒饱满的稻穗一样，他的腰杆很硬，头却埋得很低、很低。

## 为农夫温饱尽责努力

1888年11月25日，丁颖出生在广东省高州县谢鸡镇一个普通农民家庭。

当时的中国，列强入侵，国家动荡，旧中国农村经济由于外资的大举入侵已全面崩溃。作为家中第12个孩子，幼小的丁颖对农民食不果腹的日子深有体会。

在丁颖的父亲看来，穷人受苦的根源在于没有文化。他决心借债送子上学，就这样，丁颖成了丁家的第一个读书人。家庭的清贫、父兄的含辛茹苦，使丁颖倍加珍惜上学的机会。

1906年，18岁的丁颖以优异的成绩考上县城的“洋学堂”——高州中学。

像所有被时代洪流挟裹的年轻人一样，丁颖热衷议论时政，对达尔文进化论等西方学说充满向往。入学不久后，他便参加了校内颇具民主思潮的学生组织“新高学社”。然而社团由于参加学潮，不久被解散，丁颖至此明白：科学救国也许才是更现实的救国之路。

1909 年，丁颖中学毕业。这一年，清廷诏谕“预备立宪，维新图治”，中国自建的京张铁路通车，冯如制成中国第一架飞机，霍元甲在上海创建“精武体操会”……自幼深知农民疾苦的丁颖也选择了自己的科学救国之路——农业。

向往日本先进农业科技的丁颖，随后考取公费留学日本，加入了辛亥革命后的茫茫留学大潮。从 1912 到 1924 年间，他 3 度远涉重洋，辗转 3 所日本高校求学，因时局震荡、家境拮据等故曾两度辍学回乡任教，最终在 36 岁获得东京帝国大学农学部学士学位，成为该校第一位研修稻作学的中国留学生。

丁颖曾说：“留学期间目睹日本的欺侮企图，国内政坛的混乱，加上出身贫穷，自己随时有停学可能，心情一度‘很不安，很苦闷’。但另一方面，也‘激起我强烈的爱国主义思想和民族自尊心，同时形成了我的科学救国思想’。”

## 以蚂蚁爬行的方式，苦干到 150 岁

古往今来，有成就的科学家大约可分为两类：一类是“两耳不闻窗外事”，在象牙塔中专注于自己领域的研究，把学科发展推向一个新的里程，他们无疑是值得敬佩的；还有一类是除了在科研领域中取得了突破性的成就外，还心系民生，身体力行地把科研成果转化，直接造福苍生。丁颖正是后者。

1924 年学成回国后，丁颖在广东大学农科学院任教授。当时的中国广种稻米，却无法满足内需，每年要进口洋米七八百万担，有 1000 多万两白银源源外流。处于社会底层的农民，更是过着饥寒交迫的日子。革新农业、造福苍生的热血时刻在丁颖心头翻涌，他积极开展水稻灌溉和吸肥规律的研究，并对广东粮食生产问题做了大量调查，写出了《改良稻作计划和救荒计划》，上报政府。然而，腐败的国民党政府置若罔闻。失望之余，丁颖立下誓言，决心立足现实，“以蚂蚁爬行的方式，苦干到 150 岁”。

丁颖是这样想的，更是这样做的。1927 年，丁颖在茂名县公馆圩筹建了我

丁颖近照

国第一个稻作专业研究机构——南路稻作试验场。令人感叹的是试验场的主要建设资金竟来源于丁颖变卖祖产所得和多年的工资积蓄。

该试验场以育种为主，同时开展灌溉、施肥、气象、稻作分类等研究。在这里，无论从居住、伙食、衣着，乃至肤色，这位留洋教授都与农民没有两样，农民兄弟称他为“谷种佬”。每天劳作完毕，其他人休息后，丁颖还要在油灯下继续写作研究。

经费难以为继时，丁颖就用“卖青草”预售良种等办法勉力支撑。这样苦心经营多年，他陆续育出“田基度7号”、“黑督4号”等高产、省肥、抗恶劣环境的水稻良种，并广为推广。

之后的10余年间，丁颖创立了多个稻作试验场，共育出良种60多种。同时，他还创立了“区制选种法”，即在种植条件最差的地方设试验场育出良种，一般都比当地原有品种增产5% ~ 25%。在饿殍遍野的那个年代，增产的粮食成为千千万万人的救命口粮。

无论是在试验田中进行水稻栽培试验，还是在广东各地办育种试验，丁颖总是亲自下田劳作。甚至到1963年，他已是75岁的老人，作为中国农科院院长这样的部级“高官”在考察西北稻区时，仍不顾年迈体衰，坚持赤足下田，体察雪水灌溉对稻根生育的影响。

正是凭借这种“蚂蚁爬行”方式的苦干精神，丁颖创造了许多第一：世界上第一个通过杂交把野生稻抵抗恶劣环境的基因转移到栽培稻，培育出世界上第一株“千粒穗”类型，第一个系统科学地论证了中国水稻的起源和演变……他的研究和 170 多篇（本）论文著作，使他成为中国稻作学的主要奠基人，被誉为“中国稻作科学之父”。

## 三十年磨一剑　断水稻发源地悬案

“真诚的科学工作者，就是真诚的劳动者。”这是丁颖的名言。

1926 年，丁颖在广州东郊的一个水塘里发现了一种野生水稻，这引起了他对水稻在中国的起源和演变这一悬案般重大课题的研究兴趣。严谨治学的丁颖遍览古籍，从植物学、地理学、历史学、人类学、语言学、考古学等多学科进行了全面系统的研究，并不断征询专家的意见。三十年磨一剑，他终于在 1957 年发表了《中国栽培稻种的起源及其演变》，引起国际学界的重大反响，它令人信服地论证了华南是中国水稻发源地，也是世界水稻发源地之一。

1938 年，日军侵入广州前夕，中山大学决定内迁。在撤离前一天晚上，炮声隆隆中大家都慌乱地收拾细软，丁颖却来到稻作试验总场，将当年夏天收获的 400 多个水稻品种细细包装着，一直忙到深夜，次日清晨又把几百个良种番薯种苗分类。等他带着这些“宝贝”气喘吁吁赶到码头时，几乎误了撤离的航船。同事们开玩笑似的打开他的“宝贝”时，发现除了谷种还是谷种。面对同事惊愕的目光，丁颖说：“我就是‘谷种佬’啊，谷种当然比我的命还重要。”

抗战期间，面对国破人亡，人民流离失所，国民党的不抵抗政策，丁颖痛心疾首。他一边继续他的研究，一边培养和罗致人才。1940 年中山大学迁址粤北时，丁颖出任农学院院长，因他在农学界威望已高，一批国内顶级的农学专家应他邀请欣然冒着炮火来任教，一时才俊云集。

随着时间的流逝，丁颖发现，国民党政府既不积极抗战，也不支持科学研究，他在 1944 年给蒲垫龙教授的信中写到：“中国的科学家，不应与反科学的政府合作。”

新中国成立前夕，丁颖更是看清了国民党政府反人民的面目，积极支持共产党的主张，配合地下党组织做了许多有益的工作，毅然加入了地下党领导的护校行列，反对迁校，并不顾身家安危出面保释为此被捕的同学，为中华人民共和国成立后的农业科学研究留下了火种。

1949年新中国成立后，面对新生的祖国，丁颖百感交集："我虽然60来岁了，但真正的生活才刚刚开始啊！"

建国后，丁颖被任命为中山大学校务委员会委员、农学院院长，并当选为广东省政治协商会议副主席。但是他无暇沉浸在祖国新生的喜悦之中，不顾年纪不饶人这一事实，带领同事争分夺秒地投入到了紧张的科学研究中。

## 一头不怕狂风暴雨、烈日寒冰的牛

丁颖在1925年刚成为一名年轻教授时，就给自己约法三章：不涉足官场，不累积财产，只当好教授。

很多青年，受轻农思想影响，不愿报考农科。农科毕业后，他们又害怕农业工作艰苦，不愿到农村，并常有"跳槽"现象。丁颖对此甚为不安。他常勉励农学院毕业生，要以"热烈的心情，坚决的意志，摆脱一切，奔赴农村"。

"学农、爱农、务农"是丁颖经常对师生进行教育的一句名言，也是他身体力行的座右铭。

丁颖女儿丁和筠对父亲的印象是："就觉得父亲是一个内向的人，他的话不多，寡言少语。他比较喜欢沉思，常常都是一大早我们还没起床，他就在书桌旁工作看书……父亲每到一个地方，都对当地农民农村的情况尽可能多一点地了解，所以这个给我留下很深的印象。父亲对我们更多的是重身教而不是言教。他很少教我要怎么样，他更多的是用自己的行动给我做榜样。他的生活就是起床、睡觉、去学校上班。"

1963年，丁颖以75岁高龄，亲自带队考察西北稻区，从张家口到山西、内蒙古、宁夏、甘肃、新疆、陕西等地。由于长途劳顿，回来后感到体力不支，日渐消瘦。身边的助手无不为他的健康担忧，劝他疗养，但他坚持工作，后来在周恩来总理的亲自安排下，他才无奈地带着大箱图书资料，去无锡太湖"疗养"了37天（疗养期应为3个月）。

随后，丁颖瞒着大家跑到南京考察全国劳模陈永康的水稻高产试验田，然后又风尘仆仆地赶回北京参加科学大会，接着带病去山东考察稻作。在病情急

华南农业大学里树立着丁颖的塑像，华南农业大学的立校之本就是“丁颖精神”。

剧恶化时，他用枕头压住肝痛部位，浑身冒汗，坚持在济南做完了考察报告。

1964 年 10 月，丁颖经确诊为肝癌晚期，在京住院仅 14 天就与世长辞了。然而即使在弥留之际，这位老人嘴里念叨的还是学院工作、水稻试验……

“我这一辈子没有懒过。”这是丁颖在生命的最后时刻对女儿丁和筠说的话，女儿终生难忘。多年后，丁和筠在一封写给天国的家书里，用了一个比喻，为父亲的一生作结——“一头不怕狂风暴雨、烈日寒冰的牛，默默地、永不停息地耕耘，直到生命的终点。”

# 苗俭：驾驭命运的舵是奋斗

师傅带进门，修行靠自身。首先要尊敬老师傅，学习他们的经验；其次在工作中要养成勤学、勤想、多问、多总结的好习惯。

·人物语录·

·人物小传·

## 苗　俭

她是一个优秀的初中女生，因几分之差无缘重点高中，走进技校，学的却是一门“男人专属”的手艺。她是一个倔强的俏丽姑娘，在技校里一年学铣工，一年学车工，第三年竟从 200 名车工、铣工中脱颖而出，进入了只招收 12 个人的数控机床班。19 岁，这个姑娘从技校毕业，手握数控、铣工、车工 3 张技术资格证书。24 岁，她凭着勤学苦练，早早就成为了一名技师。27 岁，她又被破格评为铣工和数控加工双料高级技师。她入行仅 3 年，就报名参加“高级工”技能竞赛，与众多比她年长的高手同台竞技，最终夺得了第一名。她行走在人生的第三个 10 年，已成功带出 8 名高级技师、2 名全国技术能手和多名行业技术能手。

最近几年，每有神舟发射、天宫升空的消息，然而你可想过，这些航天器内的成千上万个零部件究竟是怎样制作出来的？由谁来做？制作的过程又要付出怎样的辛苦？今天的青春励志故事就将走近一位工作在航天数控领域一线的年轻女技师——苗俭。她的身上不仅有航天零部件加工的奥妙，更有一位倔强姑娘从技校毕业生蜕变为“中国十大杰出青年技师”的青春历程。

在航天数控这样一个精英汇聚且以男性为主要成员的行业里，苗俭 19 岁技校毕业，24 岁便成为技师，27 岁又被破格评为铣工和数控加工双料高级技师。一路走过，她的付出要比同龄人多上许多，而支撑她的力量始终来自内心的坚持与一种能够不断挑战、并实现突破的满足。

## 兴趣打开了第一扇门

1992 年，苗俭考上了上海市劳动局第二技工学校，录取通知书上的“铣工班”三个字让她觉得陌生而好奇，接下来的学习环境也是前所未有的陌生：身处铣工班五十多名男同学中，苗俭耳边常听到的是“铣工行当是男生的特长，女生学不精也做不长”。这让站在这项技艺门口的苗俭难免有些失落。

后来，苗俭在实习车间亲眼看到一块粗糙的铝合金在别人的手中“鬼斧神工”一般变成了光滑的六面体，她的老师当时就对她说：“只有没出息的人，没有没出息的专业，只要好好学习，不管是男生还是女生，都能在技校学到真本事，都会成为有出息的人。”苗俭深受触动，她决心认真钻研基本技术，主动学习，也由此逐渐在铣加工的技术学习中找到了乐趣。

兴趣像是为苗俭打开了一扇门：她第一年学铣工，第二年学车工，第三年经过考核，在 200 名车工、铣工中脱颖而出，进入了只招收 12 个人的数控机床班。到毕业时，苗俭更是拿到了数控、铣工、车工 3 张技术资格证书。

## 走上航天事业路

苗俭毕业那年，上海航天局第 804 所到她所在学校里招收铣工，但要求只招男生。学校老师向用人单位推荐了一贯优秀的数控机床“精英班”班长苗俭，可招聘单位还是对苗俭的女生身份有所犹豫，直到看过苗俭的档案，他们才感到这正是他们想找的人，破例同意让苗俭参加面试。面试时，苗俭的诚意与决心打动了招聘单位，从此，她走上航天事业的道路，正式成为了一名铣工。

航天事业是国家战略性产业，与其他制造行业不同的是，航天制造业的产品种类多、工艺技术复杂、加工难度大，每一个零件都有严格的规范和要求，有时甚至达到一种近乎苛刻的地步。

不过，也正是这样的环境让苗俭有机会参与运载火箭、载人飞船等国家重大项目的千余件关键和重要零部件的数控编程和加工，进而由一名普通的技术工人成长为行业技能领军人才。

苗俭刚参加工作时，单位车间里的工作环境还不是很完备。夏天没有空调，大家都要在 30 多摄氏度的环境里作业，机器启动后，铣刀高速切割会产生大量热量，工人们几乎每天都在洗“桑拿”；冬天不允许戴手套，工人们就得直接接触冰冷的金属；机床切割时的金属碎屑会不时飞离高速旋转的铣刀，如果不小心溅到皮肤上，就会被烫出水泡。

那时候，刚刚走上工作岗位的苗俭还不属于熟练工，老工人一个小时做出的零件，她可能花几个小时还没把图纸看明白。当时苗俭遇到最大的困难是技能、经验的匮乏，复杂零部件的识图和加工工艺，机械设备操作，各种工量具的使用，分辨各类材料加工性能等。可这个倔强的上海姑娘从不叫苦叫累，她专心跟随车间的老师傅学习技术，仔细观察，潜心揣摩，甚至下班后还会认真琢磨加工技术。

车间里的老师傅们都喜欢勤奋好学的苗俭，纷纷将自己的拿手技术传授给她。功夫不负有心人，一年不到的时间，苗俭就可以独立操作铣床了，不但能加工出合格产品，还能为研究所的重点科研项目加工出高难度、高精度的产品。

复杂的零件加工工艺在实际操作中所付出的艰辛是常人无法想象的。一个军用设备的零件误差只允许在 2 克内，2 克仅仅是一粒米的重量，操作人员的手只要稍稍一抖就会产生误差。当时车间的设备没有现在的数控机床那么先进，只能靠普通铣床近 20 次的装夹、定位、加工才能完成。这种难度的任务一般是由经验丰富的老师傅来进行，但苗俭勇挑重担，反复琢磨、计算，对现有的铣床进行了合理的调整，改进了加工工艺，有效提高了机床的使用效率。

与数控机床这类庞然大物打交道是苗俭每日的工作

## 技术比武　一展英姿

1998 年 8 月，中国航天科技集团公司第八研究院组织“大练兵、大比武”技能竞赛，身为中级工的苗俭报名参加比赛，成为了报名比赛的选手中年龄最小的一个。由于平时的刻苦积累，加之赛前做了充分的准备，苗俭在比赛中稳定发挥，取得了第一名的桂冠佳绩，让很多比她年长的铣工都刮目相看。

苗俭善于总结经验，攻克难关，她改进的加工技术使航天某产品加工合格率达到了百分之百。

此后，苗俭又参加了众多的比赛。

2003 年 10 月，她作为上海航天局三人代表队成员之一，参加了上海市数控铣工竞赛。比赛结果为团体总分第一名，同时苗俭又凭借扎实的理论基础，获得了数控编程理论第一的好成绩。

2004 年 10 月，由原劳动和社会保障部等国家六部委联合举办的“全国第一届数控技能大赛”在北京举行。苗俭以扎实的功底、优异的成绩入选上海市代表队。她如期来到北京，全身心地投入了竞赛。在这场云集了众多数控技能高手的竞赛里，苗俭从全国25个省市400多名选手的激烈角逐中脱颖而出，理论与实践均取得了好成绩，获得了加工中心操作工职工组第16名。这次比赛，上海市共有9人组队参赛，苗俭是上海参赛队中唯一的女性选手、上海参赛队中唯一的航天代表，也是上海市代表队中参加决赛获得最好成绩的队员。

## 高超技能攻克技术难关

机会总是留给有准备的人，苗俭的高超技术与不懈努力不仅展现在了赛场上，更投入到了实际的工作中。

2002年，苗俭所在的研究所引进了第一台数控龙门加工中心。这是一种高科技的机电一体化设备，设备上遍布英文标识，软件资料的厚度让所有人望而却步。所里的领导经过权衡，决定让苗俭独立承担操作这台数控机床的任务。

机会难得，但任务也异常艰巨——因为供货商几乎没有提供任何编程和专项操作培训。接到任务后，苗俭开始了紧张的准备：她一边去图书馆查阅技术资料，一边向相关单位的老师傅虚心请教，结合自己的操作经验进行了各种尝试。

不懈努力的结果是苗俭很快就掌握了这台设备的性能和操作要领。设备安装完成后，正值所里几个重要产品零件加工的高峰期，她凭着自己厚实的理论功底和实践经验，一肩挑起了新设备的操作重任，成功完成了这些重要零件的加工任务，不仅为所里节约了大量的外协费用，还成功缩短了制造周期。

事实上，喜欢探索攻克加工技术中的难关，正是苗俭性格里那股钻劲和韧劲的最好印证。

照射器天线是飞船系统载人航天工程的重要组成部分，但它的加工也极其复杂，需要额外的专用工具，这已经大大超出了龙门加工中心的加工范围。面对这个难题，苗俭通过针对性实验，独创了“分段加工法”，将多个软件巧妙结合使用，编制出高效的加工程序，高质量地完成了专门工具的加工任务。

另外，对一些在加工过程中易出现变形的零件，苗俭结合难点对症下药，采取修改加工刀具参数等措施，有效提高了加工效率和加工刀具的寿命。与此同时，她还积极探索软件编程技术，结合实践不断完善编程手段，为许多国家重点项目解决了技术加工难题。

## 而立之年映春晖

苗俭在不断挑战自我、提高自身能力的同时，也毫不吝惜地把一身本领传授给更多曾和她一样有过迷惘却心存坚持的年轻技师。在苗俭的带动下，她所在的班组形成了学习理论、切磋技艺的浓厚氛围，每个人都能发挥自己的特长，以人带组，逐步将这个班组锤炼成一支具有核心竞争力的学习型团队。

这个仅有26名成员的班组已先后产生8名高级技师，2名全国技术能手，多名行业技术能手，并先后获得了“上海市模范集体”、“上海市共青团号”、“上海航天技术研究院金牌班组”等荣誉称号。

近几年来，苗俭还主动担任了研究所的铣工和数控加工技术培训及技能竞赛活动指导教师，她带出来的徒弟在全国各类大赛中崭露头角，2人获得2004年第二届全国数控技能大赛学生组优秀奖，3人代表上海市参加2010年第四届全国数控技能大赛。

2005年，苗俭又被上海市团市委聘为上海市青年高技能人才导师团成员，她用自身的成长经历和奋斗历程，鼓励青年人在平凡的工作岗位上努力学习，锐意进取，奋发成才。

2009年10月1日，苗俭受邀参加庆祝中华人民共和国成立60周年阅兵式，代表航天人见证了自己参与制造的多个受检型号武器系统的雄伟英姿。

如今，十年磨一剑的苗俭已先后获得“中国十大杰出青年技师”、“全国技术能手”、“中华技能大奖”、“中国青年五四奖章”等多项荣誉。而她总是谦虚地说：“荣誉是过去，未来的路还很长，还有太多的东西需要学习，一切还得重新开始。”

就在去年，国家人力资源和社会保障部授牌成立了国家级的“苗俭技能大师工作室”，力求以此形式探索技能人才管理新模式。苗俭说，下一步她的工作重点将主要放在完善制度、整合高技能人才资源上，进一步传授技艺，承担行业、企业技能人才培养的重任。

# 吕植：从“熊猫妈妈”到环保卫士

如果在面临选择的时候多考虑一点兴趣，多用一点直觉，少顾忌时髦和周围人的眼光，那么一个人就更有可能找到自己真正喜欢做的事情。

·人物语录·

·人物小传·

## 吕　植

她从小向往达尔文、珍尼·古道尔的传奇生活，童年怀揣科学憧憬。北大求学中途，她毅然改变专业，只为追求内心渴望，走进大自然实现梦想。为了研究大熊猫，她深入秦岭一待 8 年，以科学家的情怀与大熊猫亲密接触，结下人与动物间的深厚情缘，被誉为“世界上和大熊猫最亲近的人”。为了留住中国最美、最好的自然，她从科学家变身环境保护推进者，身体力行，纵使过着苦行僧一样的生活也怡然自得。为了巧算“经济”与“环保”这笔账，她建立了山水自然保护中心，将环保变成了一种责任，让环保与经济能够平衡发展，持续和谐。她就是山水自然保护中心创始人、北京大学保护生物学教授吕植。

生物多样性关系到地球的健康和人类现在与未来的福祉。然而，由于频繁的人类活动，致使物种灭绝加剧，遗传多样性减少，生态系统大规模破坏，严峻的现实已经摆在了人类的面前。

有这样的一群人，他们致力于生物多样性的保护，关注环境保护理念的推进，他们已经把“环保”这个概念上升到了自己的一种责任，他们中的很多人为了环保过着苦行僧一样的生活，他们是一群非常可爱又让人肃然起敬的环保人士。吕植，就是其中的一位。

## 梦想照进现实　直面内心选择确定人生目标

对于出生在上个世纪60年代的人来说，电视剧《达尔文》一定算不上陌生。而对于吕植而言，那位进化论创始者的环球航行经历在她童年的心里烙下了深深的印记。她从报纸上读到的珍尼·古道尔考察猩猩的故事，更是在她稚嫩的心里埋下了梦想的种子。纵横在天地间，栖身于自然里，珍尼·古道尔的生活让吕植充满向往，她隐约觉得这似乎才是自己应该过的生活。

对于未来的憧憬和想象一直贯穿着吕植的学生生涯。1981年，16岁的吕植以优异的成绩从大西北的古黄河渡口——甘肃兰州来到北京大学求学。由于童年时期达尔文与珍尼·古道尔对她的影响，吕植在志愿表上毅然填报了生物系。

但是通过一段时间的学习，吕植发现，达尔文“贝格尔号”环球航行的经历、珍尼·古道尔与猩猩在一起生活的故事，以及动物学家们在南美、非洲和亚洲的丛林草原中与野生动物朝夕相处的画面……这些曾让她无比兴奋和向往的经历和画面并没有办法和自己现在所学的专业真正地联系起来。

正当吕植对前途迷惘不定时，中国生物学界泰斗、北京大学生命科学学院教授潘文石出现了。当时，潘教授正在四川卧龙研究大熊猫，吕植欣喜地发现潘教授正在从事的工作就是自己在脑海中一直描绘的工作。这一发现使得吕植

位于四川省甘孜州泸定县磨西镇海螺沟的康定木兰王是一株树龄约 1200 余年的稀有古树。在康定木兰王旁，吕植（左）在查看新种植的康定木兰。

豁然开朗，她义无反顾地决定转学生态学。

“事后证明，这是我一生中最明智的决定之一。从此我的生活和学习有了方向，使我成为一个幸运儿，能将自己喜爱的事作为一生的事业来做。”吕植说。

## 8 年青春在大山　被称为“世界上和大熊猫最亲近的人”

1985 年，吕植以潘文石老师的博士生身份随老师第一次进入了秦岭。乐观、向上的吕植从观察大熊猫的粪便开始，投身于野外生态保护的科学研究，开启了她投身生态保护的事业之门。

野外考察带给吕植带来的是无限的惊喜。一条曲折的山间小路时隐时现，穿过森林，大山上面覆盖着皑皑白雪，在天空的映衬下也泛着一丝碧蓝，一路上都能和动物们的痕迹不期而遇，这正是吕植在大脑中曾经无数次勾勒的情景，一直以来魂牵梦绕的生活就这样开始了。可是当吕植真正地扎根在大山里，一

在康定木兰王旁的陶婆婆家，吕植（右二）为康定木兰的种子拍照。

切并不像之前想的那样美好。在秦岭野外考察的8年里，条件艰苦，吕植经常挨饿。潘教授曾这样形容她：“这个漂亮的女孩饿得变了形，看到桌上的菜，眼珠子都快突了出来——不吃完不罢休的架势，这是饿怕了呀！”

时光飞逝，8年野外的艰苦岁月、与熊猫最纯真质朴的友情交织在了吕植最青春的年华里。大熊猫已经成为吕植生命中的一部分。“熊猫的天性是见到人类便警觉地爬到树上，我们在野外和它们处得时间长了，它们见到我们，就会立刻爬下来，用带有长指甲的手掌拥抱我，躲都躲不开。我对动物皮毛过敏，每次脸上都会起些乱七八糟的疹子。”吕植说。

一次，一只年老的熊猫牙齿发炎，无法进食，有人把它送到吕植面前。治好了牙齿的大熊猫真的缠上了吕植，赖着不走，放归山林没有几天，又自己跑了回来。

吕植甚至可以靠学熊猫妈妈的叫声，就让小熊猫爬到她身上。多年研究野外大熊猫的经历，让吕植拥有了“熊猫妈妈”的称谓，也被称为“世界上和大熊猫最亲近的人”。

8 年的时光，吕植一路走来，付出的代价是常人无法想象的，甚至连她自己都不清楚。曾经的艰辛带来过痛苦，但是在伤愈之后，犹如掸落身上的浮尘一般，轻轻地挥一挥衣袖作别就罢了，再次迎接新的挑战。

吕植回忆起秦岭的生活，言语里始终透露着幸福：“在山里多好呀，你有充分想象的空间。你根本不知道今天你会遇到什么，意外的惊喜和收获是经常会发生的。”

就这样，吕植用着一种乐观、积极的人生态度，在秦岭的崇山峻岭中，在她喜欢的工作岗位上，在她深爱的大熊猫身边，如同一朵人间的铿锵玫瑰傲然绽放了 8 年。

## 投身动物保护事业　从科学家变身环保推动者

从 1985 年研究大熊猫生态学开始，加上多年的亲身观察，吕植收集了丰富的第一手资料，她参与撰写了《秦岭大熊猫的自然庇护所》一书。

1992 年，吕植来到美国国家健康中心做博士后研究，主要做保护遗传学方面的课题，其中之一就是大熊猫自然种群的遗传多样性分析。

1995 年，当她结束课题研究时，美国地理学会等很多知名的研究机构邀请她加入。但吕植谢绝了，回到中国，投身动物保护事业。

而此时的中国，大熊猫栖息地正在不断地缩小。多个大熊猫栖息地的树木遭到严重砍伐。木材是村民、林业工人和当地政府的主要经济来源。与村民们沟通的过程中，“没有办法”是她经常听到的回答。“保护大熊猫就是保护人类自己”的口号显得十分苍白。

“必须要做点什么”，吕植一直都在想办法。她加入了国际保护组织——世界自然基金会（WWF）以及后来的保护国际（CI），希望挽起袖子，投身行动，寻找答案。同时她也担任着在北京大学的教学和研究工作，试图在科学与实践之间架起桥梁。

村民砍伐树木是由于生活的需要。于是，吕植想出了一个办法，通过发展生态旅游产业来替代伐木经济。她把目光投向了中国最早设立的大熊猫保护区——四川省平武县王朗自然保护区。1998 年，保护区森林停伐，当地的经济支柱立刻断了，普通百姓的生活没有保障，盗伐和偷猎的现象时有发生。经过和当地政府协商，吕植和同事们尝试发展以熊猫为主题的生态旅游。

吕植和同事帮助当地政府建立起一套知识和体验结合的旅游模式，并制定了一系列激励机制，鼓励当地人参与保护，并从保护中受益。这种良性的循环很快收到了成效，从这种新兴产业里尝到甜头的百姓更加自觉积极地参与巡山、救助大熊猫等保护工作。

从那以后，吕植由一名单纯的科学家，变成了环境保护的推动者和实践者，而她关注的视野也从大熊猫扩展到了整个生物多样性。

2007 年，吕植和同伴们创办了山水自然保护中心。这是一个由一群有理想的年轻人组成的行动团队，活跃在熊猫所在的中国西南山地和青藏高原腹地的三江源。吕植希望通过“山水”给老百姓算一个环境保护与经济收入的和谐之账。

“现在保护的代价太低了，反而执法的成本高，这样下去是不行的。现在环境保护的生态产品逐渐开始进入市场，比如保护森林植被，植物会吸收二氧化碳，释放氧气，这一生物特性本身就可以在市场上卖钱。”吕植希望通过“山水保护中心”这个平台，给环保算算经济账，以便更形象地让更多的普通大众了解并提高环保觉悟，同时还能让当地老百姓从保护当地的生态环境中受益。

“我们相信，当地社区是保护自然最主要的力量，科学是通向有效保护的最佳路径，政府和全社会的支持是保护成功和持续的保障。”成立 5 年来，山水自然保护中心在实践中不断学习，与政府、企业、社区和其他民间组织联手，提升和推广可行的保护模式，推动保护政策的改变，在此过程中培养更多有专业能力的自然守护者、研究者和代言人。

“我们也正在尝试引入市场的力量，通过生态产品，拉近城市消费者与自然的距离，让自然的价值成为共识。”吕植说。

# 林俊德：一生为国铸核盾

成功不成功，的确有个机遇，一旦抓住机遇，就要发狂地工作，所以效率特别高，不可能的事就可能了。

·人物语录·

·人物小传·

## 林俊德

他是我国爆炸力学与核试验工程领域著名专家、中国工程院院士、总装某基地研究员。他是毕生为祖国铸造核盾牌的功勋科学家，参与了我国的全部45次核试验。他头戴氧气面罩，身上插满了各种医疗管子，仍在工作。在他的遗体告别仪式上，将士们用挽联为他送行：“铿锵一生，苦干惊天动地事；淡泊一世，甘做隐姓埋名人。”

这是令人动容的一幕：头戴氧气面罩，身上插满了各种医疗管子，却仍在冲锋……

此时的他已经病危，却多次拒绝治疗，要求工作。众人拗不过他，终于在众人的搀抬下，他缓缓地迈进仅数步之遥的办公桌，开始了一生最艰难也是最后的冲锋……

颤抖的手握着鼠标缓缓地移动，身旁监护仪不断告警，屏幕上的数据揪心地跳跃着……

视线已渐渐模糊，他却反复叮咛着需要交接科研项目相关资料。

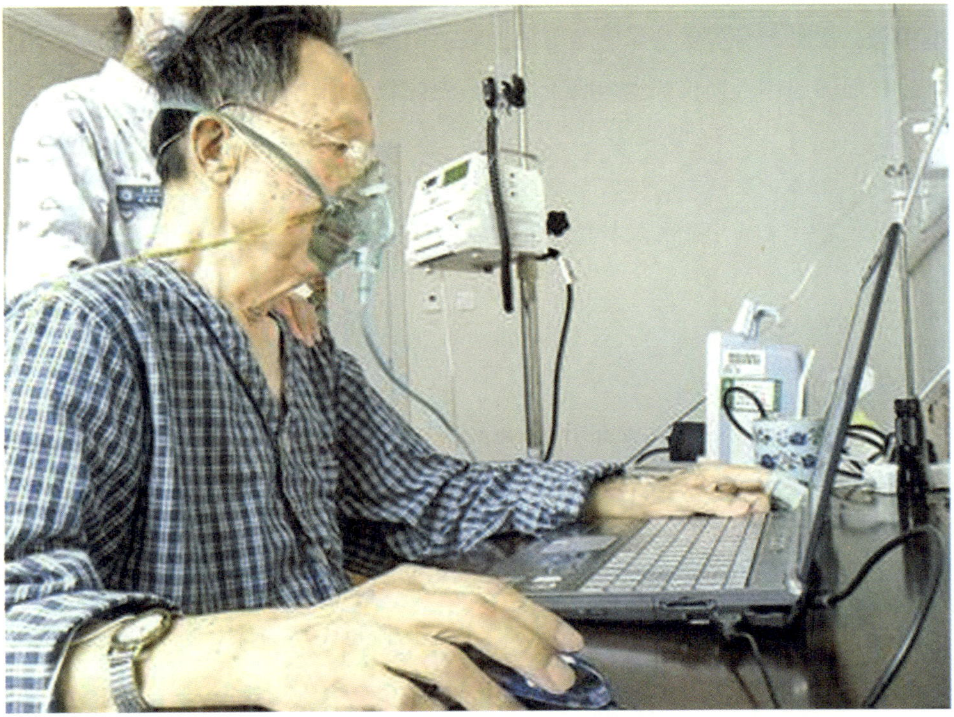

工作到最后一刻的林俊德

悭吝的时间不肯给这位可敬的科学家临终的从容。来不及把笔记本上5条提纲的内容填满，来不及整理完电脑中全部文档，甚至来不及给亲人以更多的嘱托和安慰，弥留之际，口中还喃喃地念着电脑里的资料……

2012年5月31日，这颗赤子之心匆匆停止了跳动，留给人们的，永远是那个冲锋的背影。

生命中的最后3天，林俊德让人把办公桌搬进病房；在生命的最后7天里，他把从死神手中抢来的每一分每一秒都用来工作……

在生命的最后一天，他强忍着剧痛，坚持伏案工作长达74分钟！

他，是我国爆炸力学与核试验工程领域著名专家、中国工程院院士、总装某基地研究员林俊德，享年75岁。

他，是一位毕生为祖国铸造核盾牌的功勋科学家。从1964年我国的第一颗原子弹爆炸，到1996年我国进行的最后一次地下核试验，他参与了我国的全部45次核试验。

闻他去世噩耗，我国“两弹一星”功勋科学家、94岁高龄的程开甲院士扼腕惋惜，派家人专程送来亲笔题写的挽联：“一片赤诚忠心，核试贡献卓越。”

在他的遗体告别仪式上，将士们用一副挽联为他送行——

铿锵一生，苦干惊天动地事；
淡泊一世，甘做隐姓埋名人。

## 于国舍命 人天共仰

身患绝症，他一次次放弃手术治疗，担心会影响工作；离开人世当天，他还9次要求起床工作。林俊德搞核试验，一辈子鲜为人知。他的突然离世，却像一颗“精神原子弹”，穿透了一个又一个人的心。

住院一周，饱受病痛折磨，用顽强的意志对抗死神；同时，他的不听话、不配合又让医生护士着急心疼。一次次拒绝医院的治疗方案，只为保持清醒，坚持工作。

从入院到心跳停止的那一刻，医院的医护人员与他仅仅相处8天，目睹他走过生命最后时光，大家哭成一片。

他们泣不成声地说："您为理想和信念奋斗到了最后一口气！您是我最敬仰的病人！""谁也劝不住您。整个腹腔全是肿瘤，竟然还要拼命工作……""躺着是病人，站起来是战士。"

他去世的讣告一发出，网友的跟帖缅怀便蜂拥而至。网友们写了无数的诗词来，缅怀林俊德的辉煌人生，感悟他的精神魅力，品读这本厚重的人生大书。

一位75岁老人的去世，为什么能如此感天动地？

罗布泊"蘑菇云"的背后，有他几十年的付出。

在林俊德的档案中，有这样的记载：获得国家发明奖2项，国家科技进步奖3项，军队和部委级科技进步奖27项；获二等以上省部级科技进步奖12项；1987年，光荣地出席全军英模代表大会；1999年，出席"两弹一星"突出贡献科技专家表彰大会；2001年，当选中国工程院院士。

然而，比这"成绩单"更打动人的，是一份"林俊德院士住院记录"。

那是他生命最后8天的旅程。去世当天的部分，摘录如下：

07:44，林总要求起来工作，家属劝其多休息。

08:03，医生通知要换血，否则上午这一关难过，但家属遵照林总意愿，放弃。

09:26，林总突然说："我要工作。"护士跟他商量说一会儿让他工作，点头答应。

09:30，林总再次要求工作，护士说等他休息一会儿，身体好一点再工作。他说："我等不了了，我要工作。"并反复要求。

09:40，林总又说："我要工作。"并要求坐起来。大家跟他商量坐在床上是否可以，林总反对，说要下来，坐到工作台上。

在生命的最后一天，他似乎感到死神的脚步已经逼近，从7时44分到9时54分，他先后9次发出强烈请求，要求工作。

办公桌离病床只有几步，但对已经不能站立的林院士来说，哪怕挪动几厘米，都是艰难的征程。他颤抖的手已经握不住鼠标，视力也渐渐模糊。家人和医护人员润湿了双眼，心疼地请他休息一会儿。他一再摇头说："不能休息，一躺下就起不来了。”

去世前的一周时间，林俊德争分夺秒，整理移交了一生积累的全部科研试验技术资料。他去世后，还留下一本在病床上所做的工作笔记，被作为“核心机密”入档保存……

为了这些，他一次次放弃了延长生命的机会。

11 时 09 分，大家极力劝他躺回病床，他这才最后一次查看了电脑里的文件，鼠标反复点着电脑里的文件夹，大家都看得出来那是他对工作的恋恋不舍啊。

终于，他艰难地说：“好吧，谢谢！”他累了，躺下了，这一躺就再也没有起来。

## 扎根大漠 一生为国筑核盾

从原子弹到氢弹，从空爆到地爆，我国全部 45 次核试验，他都义无反顾冲锋在第一线。

为了在第一时间拿到核试验的数据，林俊德在爆破后带领小组成员全副武装冲向爆心方向。戈壁滩像搓板般颠簸得厉害，车爆了一个胎，司机戴着防毒面具下去修车。林俊德心里着急尽快抢到数据，想都不想就跳下车给司机帮忙，全然顾不得沾染的危险。

一次爆炸实验，林俊德让其他人全进了掩体，自己却执拗地选择近距离观看爆炸，谁都劝不下来。一声巨响，爆炸装置被炸开了，爆炸碎片将远处碗口粗的杨树拦腰削断，爆炸声还在耳边回响，林俊德却已冲了出去……

一辈子为祖国铸盾，他早已把自己的生命融入祖国核试验事业中。面对生死，他心甘情愿这么去做，因为他始终有一颗感恩的心，和对祖国深深的热爱。

1938 年 3 月，他出生在福建永春大山深处的贫苦家庭，少年时期因家境贫寒，一度辍学。是在党和政府的资助下，他才一路从中学念到大学。1960 年 9 月，他刚从浙江大学毕业，就作为第一批被国家挑选到核试验基地大学生之一。当得知自己将从事核试验时，他兴奋地说：“我一定会勤奋工作，把自己的一生献给祖国的核事业。”

这是一项与国家命运紧密相连的伟大事业。林俊德知道，自己报效党和人民的时候到了。

从走进罗布泊的第一天起，林俊德就把这里当成了家，在大漠深处扎下了根。

## “中国效率”突破了西方核大国的封锁遏制

中国的核试验事业始终经受着“黑云压城”的特殊考验。在这场事关国家和民族核心利益的较量中，林俊德及其所在团队先后攻克了一系列科研试验难题，最终以惊人的“中国效率”成功突围。

1964 年 10 月 16 日 15 时，罗布泊一声春雷，蘑菇云腾空而起。林俊德研制的仪器，第一时间准确测得了核爆炸的冲击波参数。

起初在从事冲击波机测仪器研究时，测量仪器研制难度很大。林俊德毅然决定：研制适合当时国情的新型仪器。

运用自己曾学过的机械专业知识，他尝试用钟表机构作动力，研制出中国第一批测量核爆炸冲击波的钟表式压力自记仪。一台罐头盒大小的压力自记仪搞成了，前期的化学爆炸测试顺利过关，拿到了第一颗原子弹爆炸试验的“通行证”。

用简单的方法解决复杂的问题，“罐头盒”一战成名。当天晚上，周恩来总理自豪地向全世界宣布“我国第一颗原子弹爆炸成功”。

1967 年 6 月 17 日 8 时，我国第一颗氢弹爆炸成功，林俊德带领回收小组在爆心附近步行几十公里，圆满完成了核试验爆炸数据的采集任务，为我国首次氢弹试验飞机投弹安全论证提供了科学依据。

实验要让高空冲击波测量仪器能在 -50℃至 -60℃的低温下可靠工作，驻地当时没有能做这种实验的低温箱，为了不延缓实验进度，林俊德把赶制出的仪器系在氢气球上，再放飞到高空进行低温考核，每做一次放飞实验都要动员几十个人在数十公里范围的戈壁滩上把仪器找回来分析。

林院士的钟表式压力自记仪伴随着中国大气层核试验走过了它艰难而辉煌的历程。

1969 年冬，我国进行了首次地下核试验。林俊德把目光转向研究发展核试验核查技术，全面收集分析全球地震数据，开展了核试验地震、余震探测及其

一次核爆炸试验后，林俊德（左一）和参试人员从试验场区完成取样任务后合影留念。

传播规律研究。林俊德和战友们背水一战，一路披荆斩棘，先后建立了10余种测量系统，为我国地下核试验安全论证和工程设计提供了宝贵数据。

1996年7月29日，我国成功进行了最后一次地下核试验，就在这一天，我国政府向世界庄严宣告：从1996年7月30日起，中国暂停核试验。

林俊德坚持走自己的路，活出了人生的精彩。

林俊德走了，他为我们留下了一座赤诚报国的精神丰碑。

林俊德没走，他的精神永远地留在了马兰，感染着每一个人。

弥留之际，他念念不忘的仍是马兰，叮嘱老伴：“把我埋在马兰！”

故人已去，草木犹在。他一辈子牢记党和人民的重托，鞠躬尽瘁，死而后已。他始终保持质朴的本色，求真求实、不图名利，为人师表、甘为人梯，展现出科学大家的风范，树立了一座光照千秋的精神丰碑。

# 钱学森：热血铸春秋　殷殷报国魂

你在一个清朗的夏夜，望着繁密的闪闪群星，有一种可望不可即的失望吧。我们真的如此可怜吗？绝不！我们必须征服宇宙。

· 人物语录 ·

· 人物小传 ·

## 钱学森

他被人称为“中国航天之父”、“中国导弹之父”、“火箭之王”。他是一个有着传奇经历的科学家，曾让美国紧张，中国欣喜，世界瞩目。他又是一个有着独特个性的人。在他心里，国为重，家为轻；在他眼里，科学最重，名利最轻。他的追求是中国航天事业的腾飞超越，中国人在世界的扬眉吐气；他的幸福是看导弹发射，看火箭升天，看飞船归来。他用自己非凡的成就照亮历史和未来，他以自己执著的力量感动了一个民族。

2012年2月5日，著名的声乐教育家蒋英在301医院逝世，走完了她93年的精彩人生。蒋英这个名字人们并不陌生，不仅因为她是著名军事理论家蒋百里的三女，武侠小说大师金庸的表姐，中国杰出女声乐教育家和女高音歌唱家，更因为她是“中国航天之父”钱学森的夫人。蒋英和钱学森相濡以沫的婚姻一直被人们称道，她的离去让人们感叹。在缅怀蒋英的同时，也激起了人们对钱学森这位已故科学家的深切追思……

广阔无垠的太平洋上，一艘巨轮正劈波斩浪驶往香港。一位40来岁的中年人，迈着稳健的步伐踏上甲板。想到前方就是自己魂牵梦绕的祖国，他多么希望脚下不是轮船的甲板，而是火箭的舱壁啊。

这是小学语文教材《钱学森》一文中对半个多世纪前钱学森返国的一段描述。和很多年轻人一样，笔者对钱学森的认识也是始于课堂，孩提时代听着老师讲述他冲破阻碍毅然回国的事迹，满怀钦佩之情。

长大后，涉猎书籍，对钱学森知之更多，更是肃然起敬。“中国航天之父”、“中国导弹之父”、“火箭之王”，他的丰功伟绩让世人瞩目。作为科学家，钱学森感动了整个中国。这不仅仅是是因他成就斐然、贡献卓越，更是因为他的博大胸襟和爱国情愫。

“在他心里，国为重，家为轻，科学最重，名利最轻。五年归国路，十年两弹成。开创祖国航天，他是先行人，劈荆斩棘，把智慧锻造成阶梯，留给后来的攀登者。他是知识的宝藏，是科学的旗帜，是中华民族知识分子的典范。”这是2007年“感动中国人物”组委会给予他的颁奖词，也是他一生的真实写照。

一个人，用怎样的成就照亮一段历史？以怎样的力量感动一个民族？让我们走近钱学森，再次追忆一段光辉的历史，体会钱学森带给我们的感动。

## 赤子之心 报国情怀

时间定格在1955年9月17日，洛杉矶港口，一艘名为“克利夫兰总统号”的轮船正在起航。

当船渐渐离开港口驶向大海时，站在甲板上的一个人长长地出了口气，他终于带着妻子和一双幼小的儿女踏上了返回祖国的归途。而为了这一天，他足足煎熬了5年。

他的离开震惊了美国军界和科学界，当时的加州理工学院院长杜布里奇在9月17号这天，并没有到码头上送行，却说了一句意味深长的话：他回国绝不是去种苹果树的。而在中国，很多人为了这一天等了很久，他的归来，牵动着中国政府，也让整个中国欣喜异常。这个人就是钱学森。

他的离开为什么能让美国紧张、中国欣喜、世界瞩目？

让我们把时间倒转回1950年。这年6月的一天，美国华盛顿，一个名叫钱学森的中国人的造访让当时的美国国防部海军次长金贝尔，陷入了不安。钱学森刚一离开办公室，他立即给司法部打电话说：“无论如何都不要让钱学森回国。他太有价值了，在任何情况下都抵得上3至5个师的兵力，我宁可毙了他，也不要放他回中国。”

此时，钱学森已经是美国麻省理工最年轻的终身教授、加州理工学院教授、美国喷气动力实验室主任，已经成为颇具国际声望的科学家。美国国防部认为钱学森太有价值了，因此千方百计地阻挠他回国。于是莫须有的罪名接踵而至，钱学森被捕入狱，度过了14天炼狱般的生活。

后来，迫于舆论压力，美国当局不得不将钱学森释放，但仍对其行动进行监视和限制。出狱后的钱学森仍无人身自由，在美国羁绊达5年之久。联邦调查局和移民局为查清钱学森是否是共产党员，还多次举行所谓的“听证会”。检察官在一连串例行提问后，突然问钱学森忠于什么国家的政府。

钱学森略作思考，回答说：“我是中国人，当然忠于中国人民。所以我忠心于对中国人民有好处的政府，也就敌视对中国人民有害的任何政府。”检察官穷追不舍：“你现在要求回中国大陆，那么你会用你的知识去帮助共产党政权吗？”钱学森毫不示弱，说：“知识是我个人的财产，我有权要给谁就给谁。”

钱学森

面对美方的蓄意阻挠，钱学森不仅没有削弱回国的信心，反而更加坚定了报国的信念。因为他一直相信，自己一定能够回到祖国。在这5年多的时间里，全家人一夕三惊，经常搬家。钱学森的夫人蒋英回忆说：“我们总是在身边放好3只轻便的箱子，天天准备随时获准搭机回国。”也就在这期间，钱学森完成了30万字的《工程控制论》一书，一举奠定了他作为工程控制论开山鼻祖的历史地位。

1955年9月17日，在中国政府的强烈要求下，钱学森终于踏上了归国的航程。这一天钱学森心情很好，他说：“我很高兴能回到自己的国家，我不打算再回美国，我已经被美国政府刻意地延误了我回祖国的时间，个中原因，建议你们去问美国当局。今后我将竭尽努力，和中国人民一道建设自己的国家，使我的同胞能过上有尊严的幸福生活。”

## 投身科学　弘扬学术

投身科学，选择航天事业，与钱学森年轻时的经历有关。钱学森的青少年时期是在帝国主义侵华的枪炮声中度过的。起初他的愿望是为中国造火车，抵御外国侵略者。因此从北师大附中毕业后，他考入交通大学（现西安交通大学、上海交通大学前身）机械工程系（铁道门）。但1932年“一·二八”淞沪抗战，十九路军在日寇优势的空军和国民党政府妥协的双重压力下失败了。这时的钱学森急切地要为国家民族的强盛出力，因而他从造火车头愤而转向设计制造飞机。

1935年，钱学森获得赴美“庚款留学”的机会，来到麻省理工学院航空工程系学习飞机设计与制造。

一次，一个美国同学在聊天中表现出对中国人抽鸦片、裹小脚的蔑视，钱学森大义凛然地对他说：“中国作为一个国家，现在是还比你们美国落后，但作为个人，咱们人比人，你们谁敢和我比试？”还有一次，有位教授出了份很难的考卷，全班大多数人不及格，这引起了大家的不满，吵着去了教授的办公室。当他们走到门口却发现一张卷面整洁、无任何错误的考卷贴在门上，走近一看是钱学森的，同学们顿时安静下来，不敢推门进去找教授理论了。

1936 年，硕士毕业的钱学森赴加州理工学院师从著名的冯·卡门教授读博士。来到加州理工学院的钱学森感受到了这所著名大学的民主学风和创新氛围，他说："在这里，你必须想别人没有想到的东西，说别人没有说过的话。拔尖的人才很多，我想和他们竞赛，才能跑在前沿。这里的创新还不能是一般地迈小步，那不行，你很快就会被别人超过。你所想的、做的要比别人高出一大截才行。"

钱学森说到做到。在冯·卡门的指导下，经过 3 年的潜心研究，他完成了《高速气体动力学问题的研究》等 4 篇论文，荣获航空、数学博士学位。他在论文中提出的"热障"理论和与导师共同命名的"卡门 – 钱近似"公式，使得当年波音公司推翻了 B – 47 飞机的原设计方案。而在 1955 年 8 月，回国前夕，钱学森给恩师卡门送上自己的新作《工程控制论》，卡门翻阅后欣慰地说道："你现在学术上已经超过我了！"

钱学森不仅在学业上出类拔萃，在教学上也独具风格。1946 年，年近 36 岁的钱学森走上了麻省理工学院的讲台。他的课引起了青年学生的极大兴趣，当年，麻省理工的学生甚至以能听到他的讲课为荣。当年听课的学生回忆道："他的课程在我就业的前十年，发挥了无与伦比的作用。"钱学森教育生涯中最重要的阶段，是他发起创办中国科技大学并担任该校近代力学系系主任的近 20 年里。当年的学生张瑜回忆说："至今我还清楚地记得，钱学森先生在全系大会上宣布聘任教师的名单时那踌躇满志的神情。他高声地说：'我把科学院的大炮都给你们调来了！'"他口中的大炮指的是当时中国最优秀的科学家，如中科院技术科学部主任、物理学家严济慈，数学家吴文俊，刚刚归国的留美博士蒋丽金，等等。

在教学中，钱学森喜欢自己动手编教材。在中国科技大学，他亲自编著了《火箭技术概论》。当年的学生刘济生回忆说："它（这门课）涵盖了所有现代科学技术的最新成就。钱老将这些领域深奥的理论和技术融化在讲义中，讲课注重深入浅出。"

钱学森教学要求非常严格。米博恩同学说："有次上课，钱老说如果你5道题做对了4道，按常理，该得80分，但如果你错了一个小数点，我就扣你20分。他常告诉我们，科学上不能有一点失误，小数点错一个，打出去的导弹就可能飞回来打到自己。"

钱学森出的考题也很绝，有一次竟是"从地球上发射一枚火箭，绕过太阳，再返回地球上来，请列出方程求解"。这次考试让钱学森感到这一届学生数理基础还不够扎实，于是特别为他们延长了半年的学习时间。

钱学森曾在黑板上给学生们写下"严谨、严肃、严格、严密"几个大字，这既是他对学生的要求，也是他学术精神的体现。

## 科学创新　功照千秋

有人说，如果没有钱学森当年的回国，就不可能有中国航天事业的今天。回国后，从受命组建中国第一个火箭、导弹研究所，到主持完成"喷气和火箭技术的建立"规划；从参与近程导弹、中近程导弹和中国第一颗人造地球卫星的研制，到直接领导用中近程导弹运载原子弹"两弹结合"试验、参与制定中国第一个星际航空发展规划……钱学森见证了我国航天事业发展的历史。

"为中国人争气"，这是钱学森的追求；为国争光，则是钱学森的信念。当年，陈赓将军问钱学森："中国人能不能搞导弹？"钱学森说："外国人能干的，中国人为什么不能干？难道中国人比外国人矮一截？"

当饭都吃不饱的中国宣布"要搞人造卫星"时，西方讥笑说"妄想一步登天"。但是横空出世的"两弹一星"，打出了中国人的精气神，打出了新中国的国威。一位老科学家说："在新中国科学界，钱学森的作用是无与伦比的。如果没有他，新中国的科技事业特别是国防科技事业的发展会延迟若干年。"

在钱学森的科学生涯中，还有一门学科成就了他非凡卓越的一生，那就是艺术。

钱学森年轻时特别喜欢贝多芬的乐曲，还学过钢琴和管弦乐，对我国古代诗词等文学作品也有极大的兴趣。在美国加州理工学院学习和工作期间，钱学森除了参加美国物理学会、航空学会和力学学会之外，还参加了艺术与科学协会。

钱学森在与人讨论

数十年后，回忆起这段往事，钱学森感慨万千：“我们当时搞火箭时萌生的一些想法，就是在和艺术家们交谈时产生的。”钱学森的老师冯·卡门听说他爱好绘画、音乐等，也很欣赏他的“不务正业”，认为这些才华很重要。

“我觉得艺术上的修养对我后来的科学工作很有帮助，它开拓了科学创新思维。”钱学森常说，“这些艺术上的修养不仅加深了我对艺术作品中那些诗情画意和人生哲理的深刻理解，也让我学会了艺术上大跨度的宏观形象思维。”

## 宁静致远 大师风范

“事理看破胆气壮，文章得意心花开。”这是钱学森的心声，也是他人生境界的写照。回国后，钱学森历任国防部第五研究院院长、副院长、第七机械工业部副部长，国防科委副主任，中国科协主席，全国政协副主席。对这些官位，他的态度是："我是一名科技人员，不是什么大官，那些官的待遇，我一样也不想要。"翻开钱学森的履历表，人们会发现一个有趣的现象：他的"官"越当越小。国防部第五研究院初建时，钱学森就是院长，后来，他主动要求当副院长。他曾经是全国政协副主席，后来，请求辞去政协的一切职务。他这样做的目的就是为了专心致力于科学研究和技术攻关。

钱学森一生做人有四条原则：不题词，不为人写序，不出席应景活动，不接受媒体采访。钱学森姓钱却不爱钱，他数次将国家奖励的巨额款项捐献出去。可以享受国家领导人待遇的他，几十年如一日住在破旧的楼房里，过着清贫的生活。几十年不换的相机，穿了一辈子的中山装，用了 50 多年的破提包……他却把稿费和奖金上缴组织，捐给贫困学生，捐给西部地区的治沙事业。

提及自己的贡献，他总是谦逊地说："我个人仅仅是沧海一粟，真正伟大的是人民和我们的国家。"钱学森一贯反对别人称他"导弹之父"或"航天之父"，总以诚恳的态度告诉大家，像"两弹一星"这样的大科学工程，不是哪一两个人能干成功的，"一切成就归于党，归于集体"。美国准备授予钱学森院士称号，被他拒绝。他说："如果中国人民说我钱学森为国家，为民族做了点事，那就是最高的奖赏。"

在淡泊名利的同时，钱学森始终以高标准坚守科学道德。1964 年，他收到一位年轻教师写来的信，指出了他新发表的一篇力学论文中的一处错误。他随即给这位默默无闻的年轻人回信表示感谢，并建议年轻人把纠正意见写成一篇文章，由他推荐到《力学学报》刊登。钱学森宽广的胸怀可见一斑。

平生无意求虚名，惟尽百年赤子情。在钱学森眼中，最好的礼物是一尊"神舟"航天飞船的模型。那展翅翱翔的"神舟"，真切地诠释了他关注祖国腾飞的热切心情……

如今，钱学森虽已离开了我们，但他的思想、他的精神、他的贡献，已载入史册、写入永恒。每每念及他的名字，仍能勾起整个民族对一段光辉历程的深情追忆，唤起亿万国人对未来岁月的凝重思考。

# 王今觉：执著“望目辨诊” 坚守中医人生

家庭的出身环境固然重要，但我认为人的真正成功还是取决于自己后天的努力。如果只会躺在老一代人的功劳簿上，我们的知识和文化也就谈不上继承和发展了。

·人物语录·

·人物小传·

## 王今觉

他出身中医世家，幼承家学，立志此生救死扶伤。他中医名校出身，1968 年大学毕业，毅然投身艰苦的边疆医疗事业，一去便是 12 年。他摸索创新诊断方法，学会通过看眼睛判断一个人的疾病，竭力做到妙手回春，成为众多患者眼中的大救星。他桃李满天下，却淡泊名利，从不放弃对未知科学的探究，至今仍在坚持忘我钻研，只为给后来人拓出一片新的疆土。

行者，实践者；无疆，没有界域的限制。以行者之心漫步中国传统医学之路，有一位古稀老人显得坚定而又洒脱。几十年来，他执著“医者父母心”的信念，更执著于为后来人拓出一片新的疆土。他，就是著名中医大师——王今觉。

## 幼承家学

1942年，王今觉出生于吉林省长春市一个中医世家，家族中代代都有比较著名的中医，这种良好的家庭熏陶给他的从医之路奠定了坚实的基础。

新中国成立之后，王今觉跟随父母来到北京。由于出身医学世家，他们家的客人除了很多医学界的专家学者，还有很多慕名而来的病人。每每看到病人的痛苦、焦躁和不安，年幼的王今觉就会感到十分难过，而当他们逐渐好转起来，脸上露出了感激和信任的表情，他便一次又一次地体会到了医者治病救人的伟大，这也成为了王今觉立志成为一名医生的最初理由，同样也是最有力的理由。

和很多同龄的孩子不同，高中时代的王今觉在家人的推荐下，一边读书，一边拜师学习中医药学和针灸学知识。也许是因为家庭的熏陶，他入门很快，在学徒期间便阅读了一些古典医学名著。边读书边思考，他发现了明代王肯堂《治证准绳》中的一段文字，写的是通过眼内络脉可以观察五脏六腑的变化，从而判断出哪些脏腑有病。这引起了他的极大兴趣，看眼睛就可以把全身的疾病看出来吗？

对未知世界的求知欲望让王今觉很兴奋，带着这个疑问，他去询问自己的两位老师，但并未从老师那里得到明确的答案。越是不懂，越不能置之不理。性格中的这份坚毅，让王今觉决心到高等学府继续深造，而“望目诊断”也成为了他毕生为之付出的研究重点。

高中毕业之后，王今觉考入了北京中医学院，即今天的北京中医药大学。6年的中医学学习期间，他“光顾”最多的场所便是图书馆。正所谓“人求多闻，时惟建事。学于古训，乃有获”。每天面对着图书馆中数不完的经史典籍和医学名著，王今觉觉得自己如此接近先人的智慧。

他查阅了大量关于眼与全身病症关系的资料，并在大三时写出了一篇长达1万余字的研究论文。但是，因为论文缺少临床实践的内容，学院没有同意发表，可正是这次“失败”使王今觉深深地认识到了实践的重要性。在此后50多年的实践过程中，王今觉认真观察患者的眼睛，为总结出《望目辨证诊断学》奠定了坚实的基础。

“家庭的出身环境固然重要，但我认为人的真正成功还是取决于自己后天的努力。”谈到家庭对孩子人生道路的影响，王今觉说：“如果只会躺在老一代人的功劳簿上，我们的知识和文化也就谈不上继承和发展了！”

## 驰马天山

1968年，王今觉大学毕业，恰好赶上了“上山下乡”运动。血气方刚的他毫不犹豫地报了名，响应号召，在众多的选择中毅然选了最遥远的新疆。而到达新疆后，他又选择了条件最为艰苦的阿克苏边境地区，离乌鲁木齐有1000多公里。那是王今觉第一次看到雪山。从此，洁白纯净的雪山，淳朴善良的人们，阿克苏——这片从北京出发之后历经半个月才能到达的土地，与王今觉相伴了生命中最美好的12年时光。

在新疆这片土地上，王今觉首先在生产队当起了农民，每天和大家一起垦荒、积肥、收割。半年一评比的时候，这位出身医学世家的“文弱书生”被评为了生产队的“五好社员”。而他学医出身的消息也迅速被生产队长得知，队长大喜身边竟有一位名副其实的医务员，在医疗条件极为有限的当地，他停下了王今觉手上的体力活儿，开始让他每天为农民们看病。

在之后的时间里，王今觉陆续在公社、县、专区各级医疗机构从事中西医内、外、妇、儿、眼科等各科的临床医疗工作，兼做教学、基础理论与文献的研究。由于条件落后，药品匮乏，他开始自己采药，并充分利用当地的中药资源。从采药、种药到炮制，王今觉多次进入天山腹地、边境禁区，乃至戈壁、沙漠的深处，巡回医疗，普查中药资源。

边境的条件是艰苦的，特别是在巡回医疗的时候。每次出去，除了带上必需的药品，王今觉还要佩带匕首。在一次巡回医疗途中，由于追捕叛逃人员，王今觉被冰雪刺伤了眼睛，以至于35岁就患了白内障，38岁时左眼就失明了。后来，直至1994年置入人工晶体后，他的视力才得到部分恢复。

但正是天山脚下这片神奇的土地，也正是这种艰苦的条件，磨练了王今觉的意志。在新疆工作期间，王今觉治愈了大批常见病与疑难病患者。当1980年国家恢复职称评审工作时，王今觉凭借优秀的工作提前4年首批晋升为主治医师。

## 学术传承

1983年，42岁的王今觉被借调回北京工作。离开北京十余载，这片他熟悉的土地令他觉得浑身有使不完的力气，自己在新疆那么多年的所学所感一定要传达出去，一定要学以致用。

王今觉曾是国家卫生部、国家中医药管理局“《中华本草》筹备组”成员。

王今觉先后在北京光明中药函授学院、北京中医药学校讲授中药学、中成药学以及中医基础理论课，并首开“本草文献选读”课程。之后被借调到中国中医科学院中药研究所任主治医师、助理研究员，从事本草文献与临床应用研究与教学工作，并成为卫生部、国家中医药管理局“《中华本草》筹备组”成员。《中华本草》从1983年便开始筹备，1989年开始编写，直至1999年才编撰完成。

在从事中医药文献与临床的研究过程中，王今觉查遍北京及国内外现存的本草文献和部分医学文献，发现了失传数百年的元代李东恒的《用药珍珠囊》珍贵明代手写孤本。看到书中残缺处甚多，王今觉便又开始了他的“图书馆之旅”。包括故宫博物院、北京师范大学图书馆、北京图书馆等众多藏书之地，都留下了他的足迹。终于，他完成了《用药珍珠囊》补充工作，进而解决了明代《珍珠囊补遗药性赋》300多年、百余种版本在文献学和临床应用中存在的诸多疑难讹误和混乱的问题，为我国中医药学的传承做出了巨大的贡献。

在研究与教学过程中，王今觉一直不忘他少年时期看到的关于眼与全身脏腑关系的那个论述，始终没有停下对这个疑问的探索脚步。他仔细观察病人的眼部特征，并记录病人从疾病开始到后来痊愈或变化的全部情况，作详细跟踪，因此积累了20多万份病人的病历。

“我们的年轻人要学会继承，学会创新，要好好珍惜出生于这么一个好的年代，在前人留下的知识瑰宝面前，要谦虚继承、发扬光大才是最重要的。”王今觉如是说。正是这种勇于继承、勇于质疑、勇于克服困难、坚持不懈创新的精神，才促使他在摸索新的诊断法的道路上不断行进。在《黄帝内经》和华佗理论的基础上，王今觉的创新和总结不仅继承了传统中医理论的瑰宝，也推进了现代中医理论的发展，使得中医诊断更直观、更及时、更具有前瞻性。

研究任何一门学问都会面临大量的难题，而“学习和研究中医更是需要为之一辈子付出努力，只要我们树立了正确的目标，下定决心，肯于吃苦，甘于寂寞，沉下心，就没有什么做不到的。医学是门未知科学，旧的未知解开了，还会有新的未知因素出现。所以，勇于探索，敢于迎难而上的信心和恒心尤为重要！”正是因为王今觉这样持之以恒，才最终形成了他独特的医学理论和诊断方法。

2011 年，中国同仁堂集团授予王今觉“中医大师”的称号。

## 中医大师

王今觉做客中国青年网，并寄语广大青年人。

1990 年后，王今觉被正式调入中国中医科学院中药研究所，历任副研究员、副主任医师，研究员、主任医师，硕士研究生导师，从事本草文献与中医临床应用与研究，兼做教学工作，并担任院级课题“‘望目辨证’的研究”课题组组长。之后，他还被收录入《中国中医研究院人物志》、《当代名老中医图录》等著作。因其理论造诣深厚，诊法独特，用药精当且疗效卓著，2011 年经北京市政府、北京市卫生局、中医局批准，中国同仁堂集团授予王今觉“中医大师”称号；此外，他还曾被国家两部（卫生部、人事部）、一局（国家中医药管理局）命名为“国家级名老中医”。

2005 年起，国内曾掀起了一股废除中医的言论，认为西医才是科学的。谈及此，王今觉语重心长地说：“他们说中医是守旧的，实质上是对中医的不了解。中医的核心理论是经过了 2000 多年的实践检验的，至今仍在不断创新发展着。久经考验的科学理论堪称真理！”

现在，早已是退休年纪的王今觉仍在坚持为人看病，做医学研究。生活中，他喜欢古典文学和音乐，与世无争，心境淡泊。而格外令人敬佩的是，这位 70 岁的老人至今仍坚持每天冷水浴，让许多年轻人都自叹不如。

在他喜爱的古典诗文中，他十分看重出自《诗经》的一句话：“靡不有初，鲜克有终。”大概意思是无论做人做事，善始者众，善终者寡。他用这样的箴言警醒着自己，这是一名医者对事业的真诚追求，更是他对自己一生坚守理想的一份执著。

# 任军：赣江边的博导猪倌

希望广大年轻朋友树立远大的理想，进行合理的人生规划，通过阶段性的努力实现可预期的目标。

·人物语录·

·人物小传·

## 任　军

他是赣江边的猪倌。他又是江西农业大学的首席教授、博士生导师，是国家重点实验室的负责人。他还是第十六届“中国青年五四奖章”获得者。他坚信“三百六十行，行行出状元”。他实现了种猪遗传改良研究的重要突破，在很大程度上解了我国在这一领域的燃眉之急，也实现了我国种猪遗传改良的重要自主创新。他多年的研究有力推动了我国健康高效养猪生产的可持续发展；他为事业奋斗不止，成功之路印证了他的选择，献身畜牧业更令他今生无悔。

俗话说："五谷丰登，六畜兴旺。"猪在六畜中占据了重要位置，猪肉是老百姓餐桌上的常见肉类，猪肉消费占了老百姓消费肉类总量的63%以上。中国是农业大国，也是世界第一养猪大国，猪的产量占全球总产量的一半。但是，目前支撑我国养猪生产的核心种猪绝大部分是依赖进口的，这一点是不利于我国生猪种业安全的，种猪培育技术的自主创新迫在眉睫。

而正是这样一位年轻人，他实现了种猪遗传改良研究的重要突破，在很大程度上解了我国在这一领域的燃眉之急，也实现了我国种猪遗传改良的重要自主创新。他就是第十六届"中国青年五四奖章"获得者，农业部江西省动物生物技术国家重点实验室副主任、江西农业大学首席教授、博士生导师——任军。

## 向遗传学高峰攀登

家猪的重要经济性状（产仔、产肉、肉品质等）绝大多数都是数量性状，受多基因的复杂调控和环境因素的共同影响，一般很难在众多候选基因中确定真正的主效基因。因此，鉴别数量性状的主效基因及其因果突变位点被认为是当今遗传学最为困难和最具挑战的任务之一。

十年来，任军教授和他所在的黄路生院士团队充分发挥了团队的协作精神，集思广益，群策群力，利用大量的实验样品，进行细致的表型测定和准确的基因型判定，结合正确的统计方法来获得可信的研究结果，并通过多角度的验证分析，以大量翔实的科学数据揭示出真正的主效基因。

为了取得第一手研究资料，任军和团队成员一起用了四年多的时间，足迹遍布全国24个省（市）区，总行程达47万公里。他们翻山越岭，不畏艰辛，四上青藏高原，采集了68个猪种的12700份样品，建立了完善的中国地方种猪基因组DNA库。

在中国地方种猪基因组DNA库这个重要平台上，任军对中国地方猪毛色表型的分子遗传机理开展了长期系统的研究，揭示出 TYRP1 基因编码区的 1 个六碱基缺失是导致中国地方猪棕褐毛色形成的根本原因。该研究结果丰富了人们对哺乳动物毛色遗传分子机理的认识，实现了我国家猪因果基因鉴别的新突破。相关学术论文发表于 Nature 出版集团旗下知名的遗传学杂志 *Heredity*，该文还被国际猪遗传学的经典著作 *The Genetics of the Pig，2nd Edition* 正面引用。

同时，他的团队还系统地鉴别了影响 422 项表型指标的 1264 个基因位点（QTL），由此绘制了一幅影响家猪重要经济性状基因位点在全基因组范围分布的全景图。这些位点覆盖了当时国际猪 QTL 数据库已报道总数 1831 个的 69%，并首次在家猪中揭示了 517 个基因位点，这些新发现的位点占当时国际发现总量的 22%。

这项成果得到了同行以及国际同行的认同。作为这项成果的主要完成人，

任军（左三）在调研采集猪种样品

任军获得了 2009 年度江西省自然科学一等奖。

任军取得的成绩远不止这些。他还是国家重大科技专项（转基因）首席科学家、国务院特殊津贴专家、教育部长江学者创新团队带头人、新世纪百千万人才国家级人选、教育部新世纪优秀人才、第十六届“中国青年五四奖章”获得者、江西省首批“赣鄱人才 555 工程”领军人才。

## 面对挫折不能轻言放弃

别看任军获得了这么多荣誉，但他的年龄其实并不大，今年还不到 40 岁。

1974 年，任军出生在江西省横峰县一个普通家庭，从小热爱学习的他，成绩优秀。1991 年，任军参加高考，分数下来，他发现自己考了个本县应届生中的理科状元。

但当时由于种种原因，任军最终没能去全国重点大学深造，而是被江西农业大学录取。对于一名“黄金榜上龙头望”的有志青年来说，没考上心仪的大学，对他来说是个不小的打击。

不仅仅是学校不尽如人意，任军说，现在让他功成名就的农学专业也不是他的理想专业。但任军并没有因此消沉或怨天尤人。“我坚持自己的理想和追求，在我的导师和团队成员的共同支持下，渐渐热爱上了自己从事的专业。”任军说。

这一经历让任军认识到挫折和困难并不可怕，面对挫折要坚持，不能轻言放弃。

任军从德国哥廷根大学拿到博士学位后，回到了祖国，回到了他的母校，开始向科学高峰攀登。

任军这种坚持和不放弃的精神也让他不止步于荣誉，他面向国家重大需求，将精力放在更多原创性成果的突破上。他进行了更系统更深入的研究，发现了控制猪外耳大小的 PPARD 基因，科学阐明了猪外耳发育的分子遗传机理，为种猪耳型选育提供了重要有利基因，成为国际家畜中少有几个复杂性状基因鉴别的成功范例之一。

该论文发表于国际著名遗传学杂志 *PLOS Genetics*。这是我国农业动物遗传育种领域学者首次以第一完成单位在该杂志发表研究论文，实现了我国家畜数量性状遗传解析研究的重要突破。该论文还获第十三届“李汝祺动物遗传学优秀论文奖”。

然而荣誉背后是常人难以想象的付出。为了攻克一个难题，任军连续一个多月每天在实验室里工作超过 10 个小时。做实验是一项需要时间、异常枯燥、考验耐心、来不得马虎的工作，有一次任军做一个课题，为了取得准确的实验数据，他和同事们对上万个样本进行了检测对比，其中他都承受了巨大的脑力劳动强度。细流终于汇成江河，2011 年，经过 8 年的攻关，任军和他所在的课题组首次在国际上鉴别到决定仔猪断奶前腹泻抗性的 MUC13 基因。这项成果是具有完全自主知识产权的、高精准度且广泛适用于杜洛克、长白和大白等我国主流商业猪种的断奶前仔猪腹泻抗病育种的新技术，实现了我国种猪抗病育种技术的重要自主创新。

产肠毒素大肠杆菌 F4（ETEC F4）是引发新生和断奶前仔猪腹泻病的主要致病菌。我国每年有 2400 万例的 ETEC F4 仔猪腹泻病，给养猪业造成了巨大的经济损失。因此 MUC13 基因的鉴别，实现了我国种猪遗传改良研究的重大突破。

冰冻三尺，非一日之寒。8 年来，任军和他的团队在我国江西、福建、河南、吉林、辽宁、山东、北京、天津、四川、湖北、安徽等 20 个生猪主产省（市）的 35 家国家级重点种猪场开展了选育研究。任军和他的团队在其中选取的 84 个核心育种群中开展了抗断奶前仔猪腹泻病的选育研究。自 2008 年起，他的研究成果使仔猪腹泻发病率明显下降，取得了显著的经济和社会效益，有力推动了我国健康高效养猪生产的可持续发展。作为这项成果的主要完成人，任军获得国家技术发明二等奖和江西省技术发明一等奖。

江西农业大学团委书记胡志坚说：“任军教授钟情科研、攀高峰，倾心教育，诲人不倦，其为人之谦逊、治学之严谨，是江西农业大学‘厚德博学、抱朴守真’精神在新时期青年一代农大人身上的生动体现，是广大青年学习的榜样。”

## 在荣誉中继续创新

十几年来，支持任军教授在科学的道路上勇攀高峰的是他对我国种猪遗传研究领域的忧患意识和强烈的责任感。在这个纷繁复杂、充满诱惑的社会中，他做到了坚定信念、干一行爱一行。

现在的任军被种种荣誉环绕着。荣誉是对他的肯定和赞扬，但荣誉对他来说绝不是天花板，“下一步，我和团队成员将力争取得更多原创性成果，为推动我国种猪业的可持续发展、保障国家生猪种业安全做出新的贡献。”任军表示。

任军不仅是一名优秀的科研人员，也是一名优秀的人民教师，他注重改革教学模式，指导多名研究生在欧美及国内知名大学深造。任军表示下一步会将重点放在青年科技人才的培养上，形成人才梯队，为我国畜牧业的发展提供智力支撑。

2012年5月4日，任军来到北京，作为第十六届“中国青年五四奖章”获得者，参加了在人民大会堂举行的纪念中国共产主义青年团成立90周年大会，会前，任军和其他先进青年典型一起，受到了胡锦涛等党和国家领导人的亲切会见。

任军亲耳聆听了胡锦涛总书记的讲话。“希望广大青年坚持开拓创新。”“广大青年一定要大力发扬以改革创新为核心的时代精神，有那么一种勇立潮头的

做实验提取数据是任军每天的工作

浩气，有那么一种超越前人的勇气，有那么一种与时俱进的朝气。”总书记关于创新的这些讲话，掷地有声，让任军深受鼓舞。

他说：“我现在的工作环境，有潜心科研的好平台，有淡泊名利、团结协作的好传统，有鼓励冒尖、尊重创新，让人才感到事业有奔头的好氛围。如果大家都能像总书记说得那样立足岗位、立足实际，讲求科学、讲求方法，青年创新的活力将竞相迸发。”

# 裘法祖：现代医圣，70 年修炼仁心仁术

做人要知足，做事要知不足，做学问要不知足！

· 人物语录 ·

· 人物小传 ·

## 裘法祖

在中国做医生的，没有人不知道他的名字，因为 5 年的医科大学读的就是他编的书。他被认为是外科全才，他开创了很多被称做“裘派”的新手术方法，他还是脑死亡立法、器官移植学科的奠基者。他精确的刀法被称为中国外科界的一把宝刀，“若要划破两张纸，第三张纸一定完好无损”。作为医生，他说：“德不近佛者不可以为医，才不近仙者不可以为医。”他也一直以此为标准严格地要求自己。作为老师，他常常教育学生：“医生在技术上有高低之分，但医德必须高尚。”他的学生也是这么要求自己的学生的。

前段时间电视剧《心术》的热播，让人们对医生、护士这个群体再度关注起来。有人称赞故事明快写实，也有人批评剧情脱离实际。更多的观众，是不自觉地将自己和患者归为了弱势群体，在心里暗暗质疑：

医生护士有这么善良可爱吗？

现实中有“我为人人，人人为我”的大师兄吗？

王主任那一番“先有仁心再谈仁术”的慷慨陈词，听起来怎么有点矫情呢？

虚构的剧情确实不足为信，那么您不妨来看一看一个真实的故事。

作为医生，他说：“德不近佛者不可以为医，才不近仙者不可以为医。”他也一直以此为标准严格地要求自己。

作为老师，他常常教育学生：“医生在技术上有高低之分，但医德必须高尚。”他的学生中国肝胆外科之父——吴孟超也是这么要求自己的学生的。

他，就是被誉为“中国外科之父”的裘法祖。

## 母亲不治离世　他立志从医

裘法祖常说：“我有三位母亲，一位是生养我的母亲，一位是教育我的同济，一位是我热爱的祖国。”母亲、同济、祖国，这三个词，就像烙印一般，深深烙在裘法祖心里，影响一生。

1914年12月6日，裘法祖出生在杭州的一个书香世家。他从小聪明勤奋，18岁考入上海同济大学医学预科，学习了两年德语。

1933年春天的一个傍晚，母亲突然腹内剧痛，呻吟不止，中医、西医都束手无策。不久，母亲就痛苦地离开了人世。裘法祖含悲查阅西医书籍，发现母亲竟是死于阑尾炎。在国外，这种病只需要做个十几分钟的手术就能解决问题。

从此，裘法祖立志要做一名外科医生，解除千万个母亲的病痛。他学习功课更加勤奋刻苦了，课余时间全都在图书馆里度过，被同学们戏称为“图书馆长”。

“我是书呆子，很少玩的，但是我打排球、拉提琴、弹钢琴都搞过，一事无成……只有解剖，我学成了。”多年后，谈起这段经历，裘法祖如此调侃自己。

到了医科前期结业考试，裘法祖成绩斐然。按他自己的话说，“是前无古人后无来者”。裘法祖的老师是德国人，考试非常严格，但是对老师提出的每一个问题，他都能对答如流。最后，德国老师不得不赞叹地说：“你答得太好了，我只能给你一百分。”就这样，裘法祖的解剖学获得了满分。

1936 年，裘法祖被学校选派到德国慕尼黑大学医学院继续学习。获得博士学位后，他留在慕尼黑大学的附属医院工作。8 个月后，一个病人的意外死亡，对他触动极大，甚至影响了他日后的医风。

## 导师的一句话　他铭记一生

有人说：“裘法祖要划破两张纸，第三张纸一定完好无损。”

作为外科医生，裘法祖的刀法以精准见长，自成一派，闻名于外科界。手术不多开一刀，不少缝一针，而且在选择器械时也尽量减少对病人的损伤。而这种严谨的医风，在很大程度上得益于他早年留学德国所受到的训练。

1939 年，博士毕业的裘法祖只能给导师布龙纳打打下手，连正式助手都不是。但他的聪明和刻苦深深打动了导师，不久，他成为了导师的正式助手。8 个月后，裘法祖做了第一个手术——阑尾切除手术。

在做第三个同类手术时，一位中年妇女在术后第五天突然死去。尽管尸体解剖没有发现手术方面有什么问题，但导师的一句话让裘法祖记了一辈子。他说：“裘，这是一位有 4 个小孩子的母亲。”

裘法祖在《旅德追忆》中写到，导师的这句话让他记忆深刻，影响了他日后 60 年外科生涯的作风和态度。此后，裘法祖工作更加认真，使得他的导师对他格外赏识。

“二战”爆发后，很多德国医生去了前线，裘法祖有了更多做各种大手术的机会，他的医术提高很快。在来到德国的第七年之后，他被提升为外科主任，而由中国人担任外科主任，这在当时的德国史无前例。

1945 年，就在“二战”停战前、纳粹大势已去的时候，裘法祖还以这样的身份，机智地在纳粹的枪口下解救了几十位犹太人……

## 他是中国的“辛德勒”

1943年，裘法祖被调到德国南部的小城——巴特特尔茨，在巴特特尔茨备用医院继续从事着救死扶伤的工作。

1945年4月的一天，裘法祖正要准备做手术，突然一名护士长跑进来，神色紧张地喊道：“地上躺着许多从集中营来的囚犯。”对集中营里发生的事早有耳闻的他，连手术帽都没摘就跟着跑了出去。

“我被那种场面惊呆了，他们当时简直都动弹不得。”60多年后回忆起来，裘法祖对当时的画面依然记忆清晰。

当时，大街的一侧蹲着大约40名瘦骨嶙峋、衣衫褴褛、疲惫不堪的纳粹集中营囚犯。“他们都戴着镣铐，武装人员站在他们周围，强迫他们站起来。”裘法祖回忆道。

“这些囚犯都得了伤寒，让我把他们带走吧。”裘法祖鼓足勇气，向党卫军军官大声说。那一刻，面对纳粹恐怖，他想到的只是自己是一名治病救人的医生。在他的坚持下，这40多个病弱交加的生命最终得以保全。

在参加这次救助行动的人中间，有一位叫做罗妮·科尼希的护士，后来成为了裘法祖的妻子，中文名叫裘罗懿。他们风雨相伴60余年，成就了一段人间佳话。

## 异国之恋　他在德国收获了爱情

裘法祖与夫人裘罗懿邂逅于浪漫的慕尼黑大学校园，1945年两人结为夫妇。罗懿出生在德国伊莎河畔一个工程师家庭，与裘法祖相识那年，她18岁。

裘法祖在自传中，这样总结自己和妻子的这段浪漫异国之恋：“我从认识我妻子到公开结婚的历程，也正值‘二战’自开始到结束。可以这样说，是‘二战’的特殊环境促成了我在外科的成长，也给予了我俩幸福的结合，这绝不是巧合，而是缘分，正符合中国的一句民间语：有缘千里来相会。何等珍贵！何等美满！”

中国抗战胜利后，罗懿放弃了舒适的生活，离开自己的故乡和亲人，跟随丈夫来到中国这个完全陌生的国度。

“我的太太对我影响很大，她的思想非常好。她是我的政委。”裘法祖如是说。

数十年来，无论在什么样的情况下，罗懿都给予了丈夫最大的支持和安慰。1951年，裘法祖以外科医生的身份参加了抗美援朝，1954年至1958年还同时担任上海和武汉的外科教授，每个星期都要往返两地给学生上课。裘夫人在那段日子经常是一个人，她很少能见到自己的丈夫，在家照看3个小孩，可她无怨无悔，从未有过一句怨言。

1958年，经周恩来批准，罗懿成为了第一个加入中国籍的德国人。这一年，已是罗懿在中国生活的第13个年头。在这13年里，她不仅为裘法祖打理着一个幸福的家，同时还陪伴着丈夫走过事业的每一步……

## 敢为人先　走在世界医学前沿

1946年10月，在一艘德国开往上海的轮船上，一位30多岁的中国医生在船上成功地为一名肝脏破裂、生命垂危的病人实施了缝合手术，病人因此转危为安。

这在当时还只能做阑尾切除等小手术的中国，引起了极大的轰动。船未抵岸，这件事已经被各大报纸争相报道。这位中国医生，就是闻得中国抗日战争胜利而携妻儿回国的裘法祖。

在新中国成立初期，我国的外科还处在只能做阑尾炎等的初级水平，能做高难手术的裘法祖很快名扬上海滩。

那时我国外科还没有分科，一个医生从头到脚都要看到，裘法祖又率先提出把大外科分为普通外科、骨科、胸心外科等，奠定了今天医学里的专科概念。除了进行技术改革之外，他还非常关注最基础的操作，甚至包括怎样穿手术服、怎样使用手术器械、手术室怎样消毒。

从医近70年，裘法祖用手中的手术刀开创了我国外科手术领域非凡的历史：20世纪50年代在我国开展分流术和断流术，并创建了“贲门周围血管离断术”；60年代，在手术中确诊全世界第一例临床脑血吸虫病；80年代，在无数次临床实践的基础上，筹建起我国第一所器官移植研究所，并建立起全国第一个器官移植病房。1988 年，他倡议成立了“中华医学会器官移植学会”，接着又创建了“中国器官移植发展基金会”。直到现在，裘法祖主持的肝移植仍然保持着两项全国纪录：例数最多，存活时间最长。

## 医术可分高低　医德必须高尚

在武汉，如果你打车去同济医院，很有可能就会有司机师傅好心地推荐：“同济医院？看病啊？有个叫裘法祖的，这个医生极好的。”

裘法祖曾说：“一个医生不是登广告出来的，一个医生，一个病人好了，这个病人告诉那个病人好，是一个病人（告诉）一个病人出来的。”

尽管裘法祖各项工作异常繁忙，但他没有架子，一直把做一名好医生视为

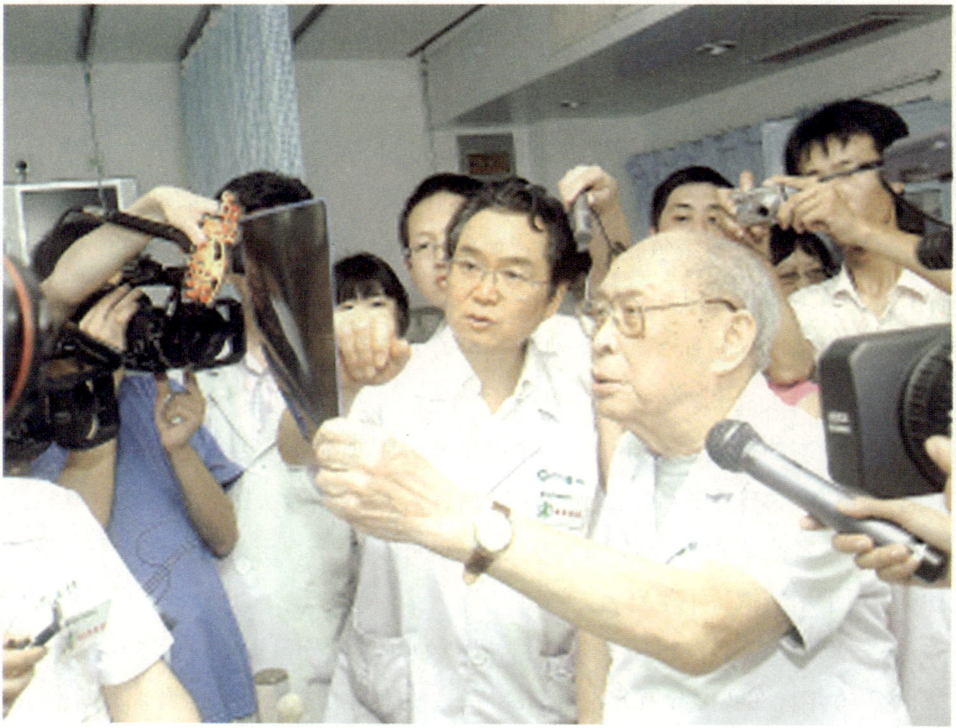

2008 年 5 月 24 日，四川地震伤员到武汉后，裘法祖给伤员会诊。

2004 年 11 月 8 日，裘法祖 90 寿辰。

头等大事：凡预约的病人，他提前到诊室去等待；病人的来信，他每封必回。

病人，就是他的亲人。他说："医生治病，是将病人一个一个背过河去的。一个病人愿意在全身麻醉的情况下，让医生在他肚子上划一刀，对医生是多大的信任啊。这种以生命相托的信任，理应赢得医生亲人般的赤诚。"

他还常常教育自己的学生："医术不论高低，医德最是重要。医生在技术上有高低之分，但在医德上必须是高尚的。一个好的医生就应该做到急病人之所急，想病人之所想，把病人当做自己的亲人。"

自上世纪 60 年代以来，裘法祖就开始培养研究生，他培养出了 3 代学术带头人。中科院院士、肝外科专家吴孟超，首创断手再植术成功者之一的钱允庆，器官移植专家陈实，同济医院著名外科专家吴在德等都是他的学生。

裘法祖是这样要求学生的，自己也是这样做的。我国著名肝胆外科专家吴孟超曾见过这样一幕：他的老师，77 岁高龄的裘法祖趴在病床边，通过观察病人的小便流量，来诊断病情。

从医近 70 年，裘法祖施行手术无数，未错一刀。每次手术前后，他一定要亲自清点每一件手术器械、每一块纱布，他的手术台被认为是最安全的手术台。

2008 年 6 月 14 日，裘法祖在武汉逝世。

就在他辞世的 18 天之前，5 月 27 日，这位 94 的老人一手拄着拐杖，一手举着 X 光片为在四川地震中受伤的来武汉接收救治的伤患诊断病情的画面，成了那段时间所有人心中最感人的镜头之一。

# 贝时璋：长寿院士　科学巨擘

一个真正的科学家是忠于科学的，热爱科学的。热爱科学，不是为名为利，而是求知。爱真理，为国家做贡献，为人民谋福利。

·人物语录·

·人物小传·

## 贝时璋

他年少留学德国，仅用 7 年时间就完成了从本科到博士的“三级跳”，戴上了第一顶自然科学博士学位桂冠。他执教浙江大学，从零开始，创办了浙大生物系，培养了无数生物学人才。他当选中国科学院第一批院士，在 60 多年的科研岁月中，以一种超乎寻常的工作热情建设百废待兴的祖国，直到逝世的前一天。在他 107 年的生命历程里，他获得 5 张博士证书，开创了我国生物物理学、放射生物学和宇宙生物学，为我国生命科学和载人航天事业做出了突出贡献。“我们要为国家争口气！”他是我国著名的生物科学家，中国生物物理学的奠基人贝时璋。

2009年10月的最后几天，我国相继失去了两位科学巨匠，一位是“航天之父”钱学森，另一位就是中国生物物理学的奠基人和开拓者贝时璋。

## 李白的诗句开启童年的幻想

在贝时璋并不多的影像资料里，曾经有这样一段采访：

“您能不能告诉我们，生命的本质是什么呢？”

“生命本质的问题，这是一个很难的问题。李白讲的一句话是很好的：‘夫天地者，万物之逆旅。光阴者，百代之过客。而浮生若梦……’”

回味着这几句话，鲐背之年的贝时璋语音沉缓，而他的思绪也仿佛回到了80多年前在私塾第一次跟着老师诵读时的情形。

那一年，贝时璋8岁。私塾先生每天都带着孩子们背诵着四书五经，贝时璋对文字里的那个世界充满了好奇。而李白的这首《春夜宴桃李园序》，让小小的贝时璋第一次对天地万物生出了许多憧憬和幻想。

这一年，也是中国近代历史上极为特殊的一年。辛亥革命爆发，腐朽没落的清王朝正一步步走向终结。尽管时局混乱、生活艰难，收入微薄的父亲和不识字的母亲仍然坚持把8岁的贝时璋送进了私塾。之后，他又跟随父亲去往汉口，在一所德国人开办的中学读书。

懂事的贝时璋十分珍惜来之不易的学习机会，刻苦用功，不断地从书本中汲取营养。一天，15岁的贝时璋在旧书摊上买到一本德文原版书——E·菲舍尔著的《蛋白体》。读起来虽然一知半解，但就是这本通俗浅显的、描述蛋白质结构和组成的书，像磁石一样吸引着他，令他对生命的奥秘充满了无限好奇。

## 留学德国 7 年完成“三级跳”

1921 年，19 岁的贝时璋已经从同济医工专门学校毕业，并踏上了从中国上海开往德国弗莱堡的一艘游轮。住在三等舱里的他，怀揣着父母变卖家产，再加上借贷才凑齐的 800 银元，向着他的生物学梦想扬帆起航。

贝时璋先后在德国弗莱堡、慕尼黑和图宾根 3 所大学学习自然科学，并以动物学为主系。他不但学习生物学的课程，还学了物理学、化学、地质学、古生物学等多门课程，又自学了数学。

1928 年 3 月， 贝时璋仅用 7 年时间就完成了从本科到博士的“三级跳”，戴上了自然科学博士学位桂冠。

那时候，显微镜还没有照相功能，更谈不上摄像功能了，毕业论文中的 80 幅精美的插图都是贝时璋手绘完成的，而这篇论文也让德国生物学界把目光聚集在了这个沉默寡言的中国学生身上。1929 年，和很多在德国留学的中国学生一样，怀着科学救国的信念，贝时璋回到了祖国。

## 创办生物系 浙大工作 20 年

“贝老师上课从来没有讲稿，就拿两支粉笔。一支红的，一支蓝的。一边讲课，一边就在黑板上画着图，这个图画出来特别漂亮。比如循环系统，红的血管就是动脉，静脉就是蓝的。他都画得很清楚，最最特殊的一点就是他记得成千上百条神经的名称，他会一个不落地都给你写出来、标出来。”贝时璋的学生、中国科学院生物物理研究所研究员郑竺英仍清晰地记得当时老师给他们授课的情形，敬佩之情溢于言表。

1930 年 8 月，刚刚回国不到一年的贝时璋被正式聘任为浙江大学副教授。当时在浙大理学院里面已经有了物理系、数学系等，唯一没有生物系。对于 27 岁的贝时璋来说，筹建生物系将是一切从零开始。虽然师资短缺，条件艰苦，生物系还是开设了组织学胚胎学、无脊椎动物学、比较解剖学、遗传学等等科目，贝时璋亲自执教多门课程。

1937 年“七七事变”后，日军全面侵华，华北沦陷，大批高校内迁。为了保护学校，竺可桢校长决定带领浙大全体师生撤离杭州，他希望贝时璋能够共同前往，贝时璋毫不犹豫地答应了下来。

几经周折，行程2700多公里，1940年1月浙大终于在贵州暂时安定了下来，但生活随着战事的蔓延变得越来越艰难。

西迁的日子里，不论是学生还是教授，生活都过得十分艰苦。老师们在授课工作之余，纷纷当了菜农和羊倌，自己种菜、自己放羊，却依然食不果腹。

纵然如此，贝时璋也没有中断科研。1942年西迁途中，他发表了一篇关于细胞重建理论的重要论文，这一理论也成为贝时璋在细胞学领域做出的开拓性贡献。

关于细胞学说，人们最常听到的一个名词便是"细胞分裂"了，这条细胞学领域的"金科玉律"已经有一百多年的历史。这一百多年间，生物学界就一直认为，细胞是以分裂方式繁殖增生的，而且是细胞繁殖增生的唯一途径。而贝时璋的"细胞重建"学说，无疑向传统的"细胞分裂"观念提出了挑战。

但是，为了推进中国整体生物科学的发展，为祖国培养更多的优秀的生物学人才，贝时璋忍痛将自己念念不忘的细胞重建学说研究暂时搁浅。在浙江大

1953年，中国科学院代表团访问前苏联时贝时璋（右）与吕叔湘（左）、赵九章（中）合影。

学的20年间，贝时璋先后担任副教授、教授、系主任、理学院院长，培养出江希明、姚鑫、陈士怡等著名的实验生物学家。

## 60年披荆斩棘　50年义无反顾

1949年，一个崭新的中国屹立在了世界的东方。

就在一年前，哲学家冯友兰、建筑学家梁思成、数学家陈省身等48位在中国近代科技和学术领域举足轻重的人物当选为“国立中央研究院”的第一批院士，贝时璋也在其中。

那年，贝时璋46岁。

1948年底，蒋介石将“中央研究院”迁往台湾，贝时璋选择留在大陆。没有优渥的科研条件，没有丰富的科研经验，贝时璋以一种超乎寻常的工作热情投入到百废待兴的祖国的怀抱，继续着他攀登科学高峰的跋涉，这一干就是60年。

1958年，贝时璋提出要建立中科院生物物理研究所，而这个建议很快就引起了一场争论。当时，大多数人认为生物和物理完全是两门学科，不能混为一谈。

面对置疑，贝时章坚定自己的信念，他将前沿的学术思想，贯穿于研究所的组成与研究当中，邀请了化学、物理学和数学等各学科专家，加入到生物物理学研究行列中来。

中国科学院生物物理研究所成立后，成为当时世界上少数几个生物物理学专业研究机构之一，标志着生物物理学作为一门独立的学科在中国正式确立。

“从1949年6月参加全国自然科学工作者代表大会筹备会议并开始筹建中国科学院起，我与中国科学院共同走过了60年的风雨历程。1958年组织安排我负责筹建中科院生物物理研究所，从那时起，我们义无反顾地坚持学科交叉，坚持服从国家需要、理论联系实际和赶超世界先进水平的办所方针，换来了生物物理研究所今日的蓬勃发展，也为中国科学院的知识创新工程增砖添瓦。”在2009年中科院成立60周年之际，贝时璋如此讲到。

“60年披荆斩棘，50年义无反顾。”这是贝时璋对自己后半生工作生活经历精妙的总结，道路之艰难、心志之坚定也可见一斑！

几十年间，贝时璋开拓了我国放射生物学和宇宙生物学的研究领域，为我国载人航天事业奠定了基础。1970年，他还重拾细胞重建学说的研究工作，使其取得进一步完善和发展，并在国内外产生了重大影响。

## 图宾根大学的5张博士证书

1978年，漫长的冬天终于过去。3月18日，首届全国科学大会在人民大会堂召开。就在这次大会上，贝时璋获得了全国科学大会奖。

也是在这一年，贝时璋的母校德国图宾根大学并没有忘记这位50年前的中国留学生。鉴于贝时璋在博士生毕业50年后还在进行学术工作，并且取得卓著成绩，图宾根大学授予他自然科学"金博士"学位。75岁的中国科学院院士贝时璋，获得了他人生中的第二张博士证书。10年后，在1988年3月，图宾根

1975年11月，贝时璋（左四）率团访问意大利时与电子显微镜研究所专家交谈。

1980 年，贝时璋（右一）在给研究人员讲解细胞重建图片。

大学第三次授予贝时璋自然科学博士学位。

2003 年，贝时璋 100 岁。在他的百岁寿辰庆祝大会上，当德国大使馆公使代表图宾根大学，再次授予贝时璋先生博士学位之时，会场顿时一片欢腾。因为与会者知道这已经是图宾根大学第四次授予贝时璋先生自然科学博士学位，这次正值他于该校获得博士学位 75 周年，授予他的是“钻石博士”学位。

不过，最令他高兴的是，他收到了一份期盼已久的生日礼物——一本《贝时璋论文集》，多年的努力和心血终于得以圆满。

5 年后，贝时璋获得博士学位 80 周年，图宾根大学授予了他第五张荣誉博士证书，他也成为了该校唯一获得如此殊荣的学者。

## 生命尾声

在生命的最后几年，贝时璋的听力下降得非常严重，和人交流主要是通过

贝时璋（前排左二）生日时合影

文字，但他科学研究的热忱丝毫没有减退。

直到去世前，每周三和周日的下午他都会在家里等待中科院生物物理所研究员王谷岩的到来，和他聊聊研究所的情况，探讨一些科学问题。每到这两天，贝时璋都会比以往更高兴。

2009 年 10 月 28 日，如往常一样，贝时璋期待的周三终于来了，他又可以跟学生们一起探讨研究工作上的事了。为了这次讨论，前两天他就开始吩咐保姆帮忙准备，翻阅了不少书籍和资料。精神劲儿十足的他，谈到高兴处还激动地说："这个工作很有意义，应该继续做下去，用半年做出很好的结果，不是为个人，我们要为国家争口气！"

谁都不曾想到，这句话竟成为了他对中国科学界最后的话。

2009 年 10 月 29 日，贝时璋走完了他 107 岁的世纪人生。

100 年的光阴，100 年的巨变，贝时璋的百年人生见证了中国科学界的起起落落。而他留下的科学成果和精神财富，将永远激励后辈，并被继承和发扬。

# 张香桐：14 岁小学生到神经生理学界领袖

· 人物语录 ·

依本来自荒漠里，浑不惯锦绣丛。别居画楼东。烈日严寒历尽，漫天风沙无情。形若无事，篱下自峥嵘。满园花开春烂漫，蜂蝶舞，乱哄哄。到处觅芳踪。待到春残花谢，遍地红瓣飘零，独放异彩，容光照园亭。

· 人物小传 ·

## 张香桐

他是我国著名的神经生理学家，是神经元树突生理功能研究的先驱者。他出身贫寒，却成为北京大学的本科生、美国耶鲁大学的博士。国外 13 年的研究生涯，使他很早就跻身于国际神经生理学一流科学家的行列。他说："我急于想报效国家。"历经 5 年，他冲破美国的重重阻挠，终得以回国。一台打字机、一件风雨衣，是他带回国的全部财产。然而，各种先进的实验设备他带回了 6 大箱！他说："还有许多事情要做，必须争分夺秒！"耄耋之年，他依然坚持工作，对科学事业的执著与热情未减分毫。

今年，是著名神经生理学家张香桐逝世6周年。

今年，是中美邦交恢复正常化41周年。

1972年，为了恢复冻结了22年的中美关系，美国总统尼克松首度访华，开始了他为期7天的破冰之旅。就是在这短短的7天中，他提出的唯一一项与医学有关的参观项目，就是要看一看针刺麻醉手术。当时，张香桐就是从事针刺镇痛及痛觉机制研究的领头人。

可谁曾想到，就是这位享誉国际的科学家，10岁之前都不知“鱼”为何物，直到14岁才上了小学。若不是90多年前那次背着父亲偷偷参加中学考试，世上或许不会有“张香桐”。

## 10岁始知“鱼”　14岁上小学

1907年，张香桐出生在河北正定县小马村一个贫苦农民家庭。

小马村是一个与世隔绝的贫穷村落，附近几乎没有河流。一望无际的平原，盛产棉花，人口众多的张家便靠租地种棉花为生。那时候，小小的张香桐还不知“鱼”为何物。

一天，村里有人从几十里外的滹沱河里抓了几条小鱼回来，养在瓦盆里。于是，热心的人就在全村来回奔跑着呼叫大家：“快去看鱼呀！快去看鱼呀！”小香桐这才第一次看到了鱼，那年他10岁。

14岁，他遭遇了母亲不幸离世的悲痛。在私塾老师的建议和叔叔们的支持下，张香桐终于进了桥头镇小学。仅仅用了两年时间，他就读完小学，拿到小学文凭，成了小马村的头号新闻人物。

尽管心里完全没有指望父亲会继续让自己升学，但张香桐还是偷偷去县城参加了直隶省立第七中学的考试。

没钱住客栈，他就在街上找了个摆摊的棚子睡下；吃不起热饭热菜，他就拿自己家烙的玉米饼子和街旁小井里的井水充饥解渴。

“考上了，考了个第四名。”多年后谈起这件事，张香桐依然喜不自禁。

最后，在叔叔们和小学班主任老师的劝说下，父亲设法凑足了钱。张香桐总算实现愿望，跨进了日夜向往的中学大门。

## 一年半不上课的北大预科生

求学之路并没有就此一帆风顺。

不久，家中发生的一场大火，把全家人赖以为生的棉花烧得一点不剩。为了帮助家里度过饥荒和继续完成中学学业，张香桐向同学借了 200 大洋，并答应毕业后去同学舅舅家里担任家庭教师。

毕业了，张香桐如期履约，同时也考上了北京大学预科班。为了既不违背约定，又不耽误读书，他一面在正定当老师，一面又积极自学大学预科的课程，等到学期考试临近，同学把考卷从北京寄去，他做完了，再寄回学校。个中苦甜酸辣，张香桐心中自知。

两年北京大学预科，张香桐当了一年半不上课的学生。直到最后半年，他才请求一位朋友帮忙代课，自己正式到北京读书。随后，他进入北京大学攻读心理学。

在现在看来，心理学和神经生理学显然不是一个专业。但是，当时的情况，按张香桐自己的话说，“那个时候生理学实际上是心理学的基础。在生理学的基础上，学的心理学，好多课程是分不开的，主要还是生理方面。”

1934 年，完成学业的张香桐调入国立中央研究院心理研究所。3 年后，抗日战争全面爆发，设在南京的研究所不得不转移到安全的地方，张香桐承担起了护送仪器设备的任务。一番辗转，他来到了位于广西境内的一个江心小岛上，在那里他独自生活了半年。

## 战乱也不能让他中断科研

已不知这是第几个寂静的夜。

1950年张香桐在美国大学耶鲁医学院生理系任助教、联系研究员

月儿悄悄爬上梢头，静静地陪伴着小岛，揉碎了一河的波光。

小岛上的一间破庙里，微弱的烛光摇曳闪烁，勉强能让人看清房内的简陋的摆设，和住宿在此近半年的唯一一个房客。

他，就是张香桐，看守着那些他视为比性命还要宝贵的图书、仪器。

幸好，显微镜和一些实验动物的脑组织连续切片都带在身边。于是，就在破庙大殿的一个角落里，张香桐摆起了一张方桌，他把显微镜和脑切片在桌上一字排开，心无旁骛，有滋有味地做起他的研究工作来。

半年的时间里，张香桐完成了关于刺猬脑干内细胞核团的组织学观察，绘制了40多幅与之相关的脑显微切片图，完成了一部关于这一观察研究的专著。最重要的是，他以整段的时间对神经解剖学进行了全面深入的学习，对这门历来被人们视做枯燥乏味的学科进行了集中研究。从那以后，他已经能够做到对每个神经结构及其周围组织的关系熟悉到就像自己从小住惯的街区里弄一样，轻车熟路、了如指掌。

## 一次“赌气”而来的留美机会

“你不要痴人说梦嘛。”一个同事对张香桐嘲笑说。

“像你这样的穷光蛋，要是能够去美国留学，太阳一定会从西边儿升起来。”另一个同事毫不掩饰地轻蔑地看着他。

1942年，张香桐正在贵阳安顺军医学校任教。一天，他在图书馆里读到一本约翰·弗尔顿写的《神经系统生理学》，觉得大有收获。后来，在一次聚会上，他表示了希望能赴弗尔顿实验室进修的愿望，不想竟招来同事们毫不留情的讥讽。

憋着一口气，张香桐鼓起勇气，给享誉遐迩的美国神经生理学大师弗尔顿写了一封毛遂自荐的信。

信寄出了，张香桐也将此事抛诸脑后，他心里对这件事其实也是完全不抱希望的。再回顾这件事，他这样说："什么事情，做人总要有个志向，做到做不到是另外一回事。我说我要努力去做，你不能说就不可能……我说你别瞧不起我，我今年就写信，他要接受我就去，是这样赌气了。"

"但是这个是有基础的。因为我在到美国去以前，我在内地工作的时候，我写过一篇文章，在美国发表。我寄给弗尔顿，他很欣赏，所以说我到美国去是这样去的。"

张香桐去美国耶鲁大学读书的时候，已经 35 岁了。但是他只用了 3 年的时间就顺利拿到了博士学位。在其后的 13 年中，他首次提出树突电位，认为神经细胞的树突在脑的功能中起十分重要的作用，他发现当人体的体温降到 22℃ ~28℃时，树突就失去了作用。他还首先提出了大脑皮层运动区是代表肌肉的论点；而且他深入研究了视觉皮层诱发电位，发现"光强化"现象，被国际著名生理学家称为"张氏效应"。

凭着这些杰出的研究成果，张香桐在国际生理学研究领域为人瞩目，在美国更是颇具名望。

但是，张香桐一刻也不想在美国停留了，一个振奋人心的消息令他彻夜难眠……

## 我急于想报效国家

"函告国内解放后之新气象，甚感兴奋，我恨不得能够一步跳回去参加这个新建国运动。我的爱国热情不下于任何人，我的急于想报效国家，为人民服务的热情之高，也不下于任何人。"

1949 年新中国诞生，使远在美国的张香桐归心似箭。在一封 1950 年写给国内亲友的信中，他迫不及待地表达了自己归国的愿望。

可是，当时美国政府阻扰在美国的中国科学家回国。有的科学家想冲破这条法令，结果，迹象一显露就被警察扣留了。比如著名的钱学森事件。

为了回到祖国，张香桐设计了一条迂回曲折的归国路线。从美国到丹麦哥本哈根，再取道芬兰的赫尔辛基，争取到了去往苏联列宁格勒的签证，最后才从列宁格勒回到中国。

为了避免引起美国政府的怀疑，张香桐的个人用品只有一台打字机、一件风雨衣。但是让人惊叹的是，各种先进的电生理实验设备他带回了 6 大箱。这些设备有的是利用参加国际学术会议的机会，以需要显示实验结果为理由带出美国的，其他的则是请丹麦的朋友帮助制作的。

1956 年，张香桐回国，这一年他已经 49 岁。尽管年近半百，张香桐却像一个刚刚开始自己事业的年轻人一样，兴奋地投入到新的工作岗位中。

## “以一人之痛，可能使天下人无痛，不是很好么？”

上个世纪 60 年代，我国已经累计进行了几十万例针刺麻醉手术，但是针刺麻醉到底是一种什么感觉，许多研究人员很难概括出来，因为他们没有切身的感受。为了取得第一手材料，张香桐做出了一个惊人之举。

1965 年 5 月，张香桐决定进行针刺镇痛机制的研究。为此，当时已年近六旬的张香桐提出，要在自己身体上进行一次模拟的“针刺镇痛下的肺切除手术”，亲身体验了一次针刺镇痛的感觉。

那，天张香桐身上足足扎了 20 多根银针，与进行真的手术时一样，由针灸医生用强手法在他身上捻针。之后很长一段时间，张香桐被针刺过的上、下肢在活动时仍感到酸痛，甚至连打领带、扣扣子都不能自如地完成。

张香桐的老保姆在一旁心疼地说：“我不明白你为什么去自讨这份儿苦吃？”张香桐却不以为然地笑道：“以一人之痛，可能使天下人无痛，不是很好么？”通过实践与体验，张香桐真切地认识到针刺镇痛是两种不同感觉传入中枢神经系统的相互作用的结果。

张香桐研究团队所取得的揭示针刺镇痛机理的科研成果，引起世界广泛关注，在美国兴起了针灸热，日本、瑞典等国也纷纷邀请他去作报告。张香桐相继被聘为巴拿马麻醉学会名誉会员、比利时皇家医学院外籍院士、国际痛研究协会荣誉会员等。该项科研成果也于 1978 年、1980 年分别荣获全国科技大会奖、中科院科技成果奖一等奖及 1980 年度美国茨列休尔德奖。

## 一封“意外”的信函

张香桐与计算机研究，或许包括张香桐自己，都想不出二者之间会有什么联系。

然而，1992 年的一天，他意外地收到了一封来自中国电子学会的信函。

中国电子学会的负责人致函予他说，受“国际神经网络学会”的委托，他们打算趁在北京举行国际神经网络会议的机会，授予张香桐国际神经网络学会的“终身成就奖”，并邀请他不日北上，去参加这个授奖仪式。

起初，张香桐着实吃了一惊。在没有细读随信附来的颂词之前，他一心认定这是对方出了误差。因为国际神经网络学会是由国际上从事电脑研究的工程

1985 年 6 月，张香桐先生在指导学生。

师们组织的一个学术团体，他与他们从未有过任何联系，而他细细寻思之后更觉得自己没有对电子计算机的发展做出过任何贡献。

好在颂词把原因说明白了：“张香桐教授……自1950年开始所作的关于大脑皮层神经元树突电位的研究报告，形成了一种划时代的重要标志。他为树突电流在神经整合作用中起重要作用这一概念，提供了直接证据。而在这以前，人们一直认为，动作电位是脑内信息的唯一向量。张教授的这一成就，为我们将来发展使用微分方程和连续时间变数的神经网络，而不再使用数字脉冲逻辑的电子计算机，奠定了基础。……为了张教授对于我们有关生物神经网络的理解所做出的重大贡献，国际神经网络学会谨愉快地表示出自己对他的崇敬。”

张香桐从这件事情中受到了鼓舞。他说，在20世纪40年代开始考虑研究树突功能的时候，凭的纯粹只是个人兴趣和思考的惯性。当时即使做梦也不会想到，半个世纪以后，这些研究成果会被认为是有助于智能计算机的发展的。

从这件事中，他也总结出一个道理：一种基础理论研究成果所具有的价值和社会意义，往往不是它刚取得的时候就能立即被人们清楚认识和给予重视的，必须要等到社会文化及其他与之相关的大多数分支学科都发展到某一程度时，它潜在的光芒才开始逐步放射出来。

不将孕育中的婴儿扼杀于成长的摇篮——无论是对申报的基础研究课题还是经验尚浅的青年后生，张香桐都是这样做的。改革开放后，他将一批批学生送到了理想的国际实验室，培养出许多优秀人才。

2007年11月4日，张香桐逝世，走完了他101岁的世纪人生。

他说：“身体不好，就不配做个生理学家。”即使耄耋之年，他依然不辞辛劳，正常工作。

他说：“还有许多事情要做，必须争分夺秒！”虽然肌肤衰老，但他对科学事业的执著与热情未减分毫。

他说：“你们在青少年时代，其主要任务是学习，而不是过早地、过高地要求自己在科学上一鸣惊人。他应当尽可能多地学些基本科学知识，并掌握一些专门技术，为培植将来独立进行科研的能力，打下一个坚实的基础。”这是他对青少年最深切的期盼。

# 许振超："学海"奋进路

重复不怕，就怕总在原地踏步。只要用心，重复中也能焕发光彩。

·人物语录·

·人物小传·

## 许振超

他是新时期产业工人的代表。他自学成才并苦修技术，练就了"一钩准"、"一钩净"、"无声响操作"等绝活。作为"文革"时期毕业的"老三届"，迎来国家经济转型新阶段，成为了世界一流的"技术专家"。他深信：一个人可以没文凭，但不可以没知识；可以进不了大学殿堂，但不可以不学习。他敢想敢干、能干会干、苦干实干。2004年，他成为全国交通系统劳动模范和全国"五一"劳动奖章双料获得者。2009年9月10日，他又成为"100位新中国成立以来感动中国人物"之一。

经青岛市政府同意，青岛港集团与荷兰皇家孚宝集团达成协议，各出资2亿元组建合资公司，共同开发建设和运营管理董家口港区石化码头项目。合资公司运营后将扩大青岛港集团与国际大公司的战略合作，进一步提升青岛港集团的国际影响力。青岛港在竞争中脱颖而出，有很多因素决定。然而，在这中间，那令人惊叹的“振超效率”、广为人知的“振超精神”，也成为一个重要考量因素，让人印象深刻。这些都和新时代的产业工人代表许振超有关。

许振超是青岛港的一名码头工人，从第一天踏进码头算起，已经在那里工作了38个年头。他先后干过装卸工、电工、门机司机和桥吊司机，担任过副班长、值班队长、副队长、队长兼队党支部书记，2004年被树立为新时期的中国产业工人典型。近些年，许振超还担任了许多社会职务，是党的十七大代表、第十一届全国人大代表，十一届全国人大常委会委员，第七届、第八届中国科学技术协会常委会委员等。但在他眼里，不管干什么，担任什么职务，都是工作，都是社会的需要，都要努力去完成好。这是一个工人几十年养成的习惯和追求。

## 当好工人　尽好责任

1967年，许振超初中毕业时，怎么也没想到继续求学的路就此中断了。当时大学关门了，高中也停办了。许振超要考清华大学当工程师的梦想也随之被彻底粉碎了……怀着迷茫和不解，许振超进入工厂，做了一名工人。

一些亲朋好友知道许振超当了工人，都来鼓励他。他们异口同声说了一句话：“好好干，当一个好工人。”这个今天看起来并不高的要求和目标，许振超记住了。

怎么干才是一个好工人？许振超奋斗了几十年；怎么做才是一个好工人？许振超领悟了几十年。“当好一个工人，首先要把自己的本职工作干好，这是当工人的本分。”许振超说。

记得刚当电工的时候，许振超第一次单独作业因为缺乏电工基础知识没完成任务，被师傅狠狠地数落了一顿。这让他猛然醒悟过来，仅有干好工作的愿望不行，还必须有相应的知识和技能。从那以后，许振超就开始自学相关知识和技术。边学习边实践，很快就让许振超有了收获，手头的电工活也干得有模有样了。

有一次，队里的一台电磁吊坏了。在当时，除了许振超的师傅还能尝试修理，没人动得了手。可那一次，师傅修了大半天，也没找到故障原因。

许振超跟着来回送保险丝管，后来他沉不住气了，自告奋勇："师傅，要不让我试试？"

师傅怀疑地看了许振超一眼："你会？"

许振超说："给我个万用表，应该能找到故障。"从一送电保险丝就烧断的现象来看，许振超判断应该是整流元件短路。那会儿还没有大功率二极管，用的是硒片穿起来的硒堆，先串联然后并联得到直流大电流。许振超把硒堆拆下来，用万用表测量它的正方向电阻，很快就找到两组短路的。拿给师傅看，说是烧了。师傅看了半天说："这不好好的嘛，你怎么说是烧了？"

"这是内部击穿，外面看不出来。"说着，许振超拆解了一组。果不其然，有几片硒片在连接处表面有起泡现象。

师傅问："那怎么办？"

"让材料库拿着去买，回来换上就行。"

师傅听许振超这样说，扔下一句话："好，交给你了。"

为此，许振超整整忙活了一天，可是心里很高兴，因为他又抓住一个技术上学习长进的机会。

后来因工作需要，队里安排许振超去开门机，也就是吊车。虽然有点舍不得刚刚入门的电工岗位，但想想任何岗位都可以通过学习增进能力，把它干好，他也就愉快地去了新岗位。

新岗位对许振超来说确实是一个挑战，操控门机要学习起重安全知识，还要学习力学，以及门机的工作原理，机械传动、液压传动知识，整机的电气控制系统原理。这些知识不具备，就不可能正确地操作它。

为了能尽快地掌握这些知识，许振超到处借书看，借不到就从每月不多的伙食费里省出几块钱，到新华书店去买，或到当时的郊区旧书摊上去淘，往往

5 块钱能买一摞书。一分耕耘，一分收获，知识使许振超的工作、生活充实起来。他工作干得有声有色，对自己的要求也从开始的想干、能干，提高到怎么想办法干得更快，干得更好。

慢慢地，在许振超的心里，他开始觉得他就是码头的主人。记得上世纪 70 年代为了提高粮食装火车的速度，许振超找到自己操作技能中的不足，利用班中的休息时间，苦练门机操作一钩准。即使上夜班，他也坚持训练。他一边练习，一边琢磨，一边总结经验，终于做到从船上抓满一斗粮食，飞快地转回到码头上，稳稳地停在火车厢的正上方。由于肯钻研、个人技术娴熟，他得到了装卸工友们的认可。上个世纪 80 年代初，许振超荣获了“优秀门机司机”的荣誉称号。

## 为胜任岗位工作而努力学习

许振超当门机司机那会儿，港口对司机的工作要求是“四懂三会”，就是“懂

许振超（左三）和工友探讨问题

结构、懂性能、懂原理、懂维修，会操作、会保养、会排除故障”。这个要求就是拿到今天，也是个高标准、严要求，因为这几乎是要司机做到“七项全能”。在那个时候，机械一有故障，一般情况就是通过班长去找电工、维修工上来修理。这样不仅耽误时间，影响作业效率，而且不利于司机的技术的提高，大部分司机也就有了依赖性，只停留在会操作、会给轴承加油的水平上。

面对这种要求，许振超感觉到了困难，但同时也想，上级的要求是纪律，自然有其道理。而且从中央到地方一再强调，企业中要建设一支“有理想、有道德、有文化、有纪律”的“四有”职工队伍。“什么是有理想？什么是有道德？当时的历史条件下，可能理解不深。但有一点我知道，这些要求对咱工人有好处，最终还能提高工人的能力和水平。”许振超说。

明白了这个道理，许振超就扑下身子，老老实实地学，扎扎实实地干，只要是任务，都努力把它干好。他平时注意工作经验的积累，努力向“四懂三会”的目标逐渐靠近。

有一次，许振超使用的门机液压系统突然发生故障，系统压力陡然升高，吊杆起落不受控制，一个班下来，至少得鼓断两根高压油管，许振超换管子换得全身上下都是液压油。当时液压技术在国内还属于冷门专业，大家都不懂，技术员一听液压有故障，就开始摇头说很不好查。起初，许振超配合修理工修了几次，该换的零件都换了，就是不见起色，一个多月的时间，许振超让这个整天爆油管故障缠得浑身冒火，牙都肿了。“这实在是太耽误生产了！”为了搞明白它的工作原理，许振超再次向书本求教。

当时这类书在新华书店也不多见，许振超跑遍了市里所有的书店，总算找到了一本翻译过来的“液压基础”。回来一看，看不懂，专业术语太多，各种零件图、系统原理图很多。这怎么办，只得拿着书去请教高手，人家说，搞液压他也是外行，不能提供什么实际帮助，但有一句话点拨了许振超：“你不是会看电气图纸嘛，液压原理图和电气原理图差不多，你先把每个液压元件的符号看明白了，再去看系统图，或许就能看明白。”

许振超半信半疑地拿着书回到家，起早贪黑地看了有一个星期，摸出点门路来。他又找技术员要了一份车上的液压系统总图，对比着又钻研了一个星期，总算把车上这套液压系统的工作原理搞明白了。然后，许振超就做了个计划，今天拆哪儿，明天检查哪儿。有空闲时间，他就拿着工具去检查，对照原理与零件图找故障点，最终发现一个重达 40 公斤的电磁液压换向阀内部的阀芯位置变了，偏了 1 个毫米。他重新做了调整，然后装回去再试车。油泵马达的声音明显的好听了，再一看，压力也恢复正常了。再动动操纵杆，吊杆起落要多少动多少。故障彻底排除了！

## 为港口现代化建设学习，为中国工人争气学习

上世纪 80 年代，青岛港组建现代化集装箱公司，许振超荣幸地成为第一批桥吊司机，这是许振超当时做梦都想来的地方。新设备、新技术，使许振超对本职工作产生了浓厚的学习兴趣，并很快成了公司的生产技术骨干。但他并没满足，也没有停下钻研技术的脚步，因为他感觉“在世界先进技术面前，我们的差距太大，我们花了大价钱买来设备，仍然要受国外公司的制约和技术封锁”。

1988 年，许振超所在的部门使用的唯一一台桥吊出了故障，请来外国厂家的技师修理维护。他清楚地记得外国专家要价很高，他在这仅干了 12 天，一下子就拿走了好几万元人民币。

“算一下，我一年的工资他一天就拿走了。按理说，拿了钱应当传点真经吧，没想到那专家不干。说白了，是瞧不起我们，当时外国人眼里的中国就是落后，技术落后，工人也落后，和你说也没有用，你掌握不了这个技术。”许振超说。

许振超很生气，因为他们这些五六十年代出生的工人特别崇尚“铁人”王进喜的那句话“宁可少活二十年，拼命也要拿下大油田”，认同的是工人阶级自尊自强的自豪！最不爱听最不接受的就是：“你们不行，你们落后，干不了技术活。”

那一刻，许振超发誓：一定要争口气，学会这门技术，咱中国的工人不能老是戴着技术落后的帽子！许振超下足了力气。拜几个大学生技术员为师，开始学习钻研，可当时很多专业知识许振超还没掌握，也没有技术资料，怎么钻研？

后来许振超想了个“土”办法，用桥吊的控制板倒推画出电路图。每天下班，许振超带着借来的备用控制板，回到家里就反复琢磨，仔细观察各种电子元件和印刷电路走向，然后一笔一划绘制草图。光画这些个焊点，已经够麻烦了，

它们之间怎样连接的？这才是关键！一根线路多的要测试几十个电子元件，才能最终确定它的来龙去脉。

攻关当中让许振超感到不能理解的是，老外把一些集成电路块儿的型号也给磨掉了，“现在看，人家这是保护自己的知识产权，就是不想让你知道这个电路的作用。想知道就得花钱请他们来，‘知识经济’这个词大概就是这么来的。”但是时间一长，许振超也发现了其中的一些规律，就根据集成电路的封装形式，管脚多少，输入、输出端的不同接法，电平高低，再借助工具书，参考一些标准电路图进行比较分析，也就比较准确地把它的功能识别出来了。

就这样，许振超前后用了 4 年的时间，在没有资料的条件下，用最原始的笨方法，消化吸收了当时号称世界先进水平的桥吊电气控制系统。靠着这些知识，当年外国专家修了 12 天的故障，后来许振超只用了一个半小时。依靠这些技术，许振超解决了大量工作中遇到的技术难题，为港口生产解了燃眉之急。再后来，连外国专家都不敢动的系统心脏部件，许振超也能熟练地给它动大手术。

“从此以后，再也没有麻烦外国朋友来修桥吊。”许振超得意地说。同时，他也有了新体会，可以没有文凭，不能没有知识，可以不上大学，但不能不学习。

## 为建设世界级一流大港口而学习

上世纪 80 年代，中国的港口曾经因为集装箱装卸效率不高，老是延误船期，信誉不高。有的船长对许振超说：“你们的装卸速度太慢了，什么时候能赶上日本的码头？我看这辈子是不行了。”听了这话，许振超心里很不是滋味，心想有朝一日我们一定要成为世界第一。

“在青岛港，我们一直崇尚这样一种精神——‘一代人要有一代人的作为、一代人要有一代人的贡献、一代人要有一代人的牺牲’。”所以从上个世纪末，青岛港的常德传局长就提出，要把青岛港建设成为世界级一流大港口，这也是青岛港码头工人的共同愿望。

“现在世界上的大港口论规模、论实力都相差无几，什么是一流水平？就是技术上要有自己的杀手锏，要有高招，老是跟在别人的屁股后面跑，第一只能离你越来越远，拖也把你拖垮了，与其跟着第一跑，不如咬咬牙自己当第一。”

许振超在全国劳动模范表彰大会上发言

许振超当选 2008 年北京奥运会火炬手

许振超说。

上世纪 90 年代，许振超和全队桥吊司机一起创造了桥吊无声响操作法，大幅度提升了作业效率。进入新世纪，生产方式发生了变化，大型、超大型集装箱船越来越多，对装卸效率提出更快的要求。为此，许振超和工友们针对作业中的不足，瞄准世界港口的最高卸船效率，展开新一轮技能训练。

"我们把啤酒瓶放在地上，在吊具上装上一根电焊条，让司机操作吊具从 40 米高度全速下降，在规定时间内把电焊条插到瓶口中。经过艰苦地磨练，终于练成了这个绝活，这极大地增强了工友们的自信心。"他们给这个绝活起了个名字叫"桥吊穿针"，并且让多数司机都掌握这个技术，提高了团队的能力。准确率解决了，他们的装卸效率也随之提高了。

2003 年开始，许振超带领团队，用手中掌握的绝活，多次打破集装箱装卸船世界纪录，实现了多年前的誓言，创造出世界第一的装卸效率。"现在，对比世界先进港口，我们的装卸速度可以这样说：是长江后浪，把国际上知名的港口都拍到了码头上。在世界航运界打出了我们中国码头的品牌。吸引了不少的国外船公司来青岛港装卸，其中还有世界著名的'马士基'船公司看好了青岛港的发展前景，干脆与我们合资经营码头。在这个领域里，中国的码头工人挺直了脊梁。"

## 为建设创新型港口、创新型国家学习

国家十一五期间就提出了创新战略，许振超觉得创新是多层面的，不是谁的专利，工人创新关键是观念创新，既要实事求是，还要敢想别人不想、不敢想的。在关注和追求高精尖技术的同时，还要关注本职工作中的难点，解决实际工作中的问题，产生了效益就是创新。

从 2002 年开始，许振超和他们团队的技术工人就针对场地堆码机械耗油量大、尾气排放污染环境的缺陷，想方设法进行技术攻关，降低柴油机的耗油量和排放量，取得了很好的效果。在这个基础上，他们又萌生了一个更大胆的设想：烧油是为了发电，干脆直接用电，不烧油。

在长达几年的"油改电"技术创新过程中，许振超团队集思广益，先后设计了很多方案。但由于关键环节找不到解决方法，资金支持遇到障碍，研发工作一度陷入了困境。这期间，国际上原油价格疯狂上涨，人们对保护生存环境的呼声越来越高，国务院还专门下发节能减排文件。

“这一切，都促使我们决心攻克技术难关。”许振超说。在集团领导的鼓励和支持下，许振超和团队的同志调整了攻关思路，又经过半年的努力，终于掌握了关键技术，使这一世界性的行业难题在他们手中得以破解。

通过多次的模拟试验，第一台生产样机于2006年下半年试制成功，取得了意想不到的效果。

“过去，我们装一个箱子用柴油成本是6块钱，现在只要2块多一点，仅此一项，按吞吐量计算，港口每年可以节约费用3000多万元。”此后，他们将这项成果在一部分场地推广应用，当年节能4000吨标煤，减少二氧化碳排放量18000千吨，两年全部回收成本。而且从根本上解决了温室气体排放和噪声污染这两大难题，有效地改善了司机们的工作环境，这既体现了以人为本，推动了港口的可持续发展，同时也符合当今低碳生产的新要求。该项目获得2008年全国职工技术创新成果一等奖。

回顾40多年的工作经历，许振超深深地感到：“作为一名工人，我确实讲不出什么大道理，说一千道一万，成就事业啊、人生价值啊，归根结底还是要干出来。要通过诚实劳动，扎扎实实干出成绩，为国家和民族兴旺发达做出有益贡献。一个人，无论起点多低，岗位有多么平凡，只要想干，就能够通过学习提升自己的能力，不断进步，创造出属于自己的精彩人生。”

# 杨欣：英雄梦带长江之子走上环保路

不是每个人都能做出大的壮举，但只要你把公益环保当成一个习惯，我们中国环保事业将有大的进步。

·人物语录·

·人物小传·

## 杨　欣

他是一名优秀的摄影家，走遍了长江源头的每一个角落。他还是一名富有经验的探险家，一名环保主义者。为促进长江、藏羚羊、可可西里的保护，他不停地努力着，主持建立了中国民间第一个自然保护站——索南达杰自然保护站和第二个自然保护站——长江源水生态环境保护站。他被誉为“保护长江第一人”。他没有休假，没有旅游，每天睁开眼的第一件事就是思考长江的保护工作，睡觉前思考的最后一件事是长江的保护工作，跟朋友聊天的主题还是长江的保护工作。他就是长江生态的守护者、中国绿色江河环保促进会会长杨欣。

在我们欣赏长江源头美丽风景时，在我们惊叹藏羚羊群奔跑时矫健的身姿时，在我们获知可可西里、野生动物保护这些概念时，我们不该忘记其后的推动者。他有多重角色：摄影家、探险家、环保主义者。他有多个称号："保护长江第一人"、"中国当代的徐霞客"……

他组织参与了多个大型环保项目的进行：中国城市青少年环保教育、青藏线藏羚羊种群调查、长江源生态环境状况专题调查、青藏铁路列车环保宣传、索南达杰自然保护站建设、藏羚羊红绿灯、长江源人类学调查、2012 斑头雁守护行动……他就是绿色江河环保促进会会长——杨欣。

## 英雄梦带我走上公益环保之路

杨欣，1963 年出生于四川成都一个普通的家庭。父亲是一名工人，母亲是一名教师。从小，父母都在用行动教导他如何做一个正直正义、光明磊落的人。用他自己的话来说，"父母从来不会占公家的便宜，他们从来不会带回公家的一块木头用来烧火做饭"。杨欣的父亲喜欢大自然，闲暇时经常带着他去钓鱼或者上山挖中草药。父亲的兴趣也直接影响了杨欣，从小他就对大自然有着一种强烈的热爱和眷恋。

高中时期，杨欣便喜欢上了摄影。那时的他经常借相机进行拍摄。终于，家里买了一台 120 元的"长城"牌相机，这令他对摄影愈加着迷。几年后，他已经对摄影非常熟练了。他的一个愿望是能够在摄影比赛上拿奖。那些年他走过了云南丽江、泸沽湖和虎跳峡等地，也拍摄了很多照片，但受当时摄影主题的限制，都没有获奖。

1986 年，美国人肯·沃伦提出将首漂长江，国人为之激动，杨欣更是如此。"那时我们接受的教育就是'英雄主义'，人人都希望自己成为一个国家、一个民族的英雄。80 年代整个中国思想都已经开放了。进行长江的漂流活动经过新闻媒体的报道，得到了全国人民的一致拥护，人人都希望能够参与进去，创造出一个新的世界奇迹。”就是在那样的背景下，他加入了由中科院成都分院牵头组建的中国长江科学考察漂流探险队。那一年，他 23 岁。

漂流一共持续了 175 天，行程共 6300 公里。一路上，他欣赏并拍摄了许多长江的美景，感受了长江沿岸的文化，同时也遭遇了无数的困难，包括队友的不幸遇难。漂流结束后，他参加了摄影大赛，并获得了最高奖，奖品是一台彩色电视机，这台电视机的价格可以抵他几年的工作收入。

从那以后，美丽壮阔的长江经常萦绕在杨欣的梦中。几年后，他决定再次到长江进行漂流，并打算拍摄出版一本关于长江的画册，让更多的人认识长江、了解长江。但是，他乘坐船只踏上了长江源头的再一次探险时，他却发现，沿途的冰川比以前少了，草原面积小了，沙丘增多了……那时，他感到困惑。

1994 年，他进行第五次探险时，他听说了藏族同胞索南达杰为了保护藏羚羊而勇斗偷猎者，最后中弹牺牲的故事，杨欣深受感动和震撼。他走遍了长江

1995 年，杨欣（左二）参加保护“长江源爱我大自然”活动专家座谈会。

源头的每个角落，拍摄了大量的照片。回家后，他将这些当地原始风貌的照片在周围人中展示的同时，隐约感到了一份责任和义务：应该建立一个自然保护站，呼吁政府和社会各界的关注、专家的研究和志愿者的义务奉献。就这样，杨欣走上了长江公益保护的道路。

## 写书、义卖、筹资建立民间自然保护站

1995 年，杨欣创建了“绿色江河”民间环保组织，启动了保护长江源的系列项目。可是，如何筹钱建立一个自然保护站成了摆在杨欣面前的一大难题。后来一个朋友建议他说，把 5 次长江漂流的经历写下来，然后出书义卖，这样就能先盖起一座房屋，然后再往下做。

尽管不擅长写作，杨欣还是整理思路，把自己在大江浊流中、在古漠荒原上用生命写就的日记作为素材，开始撰写《长江魂》一书，并将此书的手稿连同 100 多幅珍贵的图片一起交到了朋友手中。两个月后，《长江魂》编写完成，并在岭南美术出版社的帮助下出版发行。

杨欣以书为抵押，从香港环保团体“地球之友”借款订购了建筑材料，开始了保护站的建设。此后，杨欣陆续出版了《亲历可可西里 10 年》等书，将卖书的钱用来继续建站。

1997 年，杨欣在可可西里建设了中国第一个民间自然保护站——索南达杰自然保护站，建站费用约为 100 万元，筹款和建设历时 4 年。筹建费用主要来源于他的书籍义卖活动，保护站的

杨欣向长江源小学赠送图书

日常维护工作也主要由他招募来的志愿者完成。

说起志愿者，杨欣非常欣慰。“2000年我们第一次招募志愿者时，总共有1万多人咨询和踊跃报名，最后我们只是挑选其中的30人。现在更是如此，我可以用‘花中选花’来形容现在的志愿者招募。招募流程也非常复杂，需要进行填表、面试、体检、家属签字、培训等。面试官也都是这些志愿者。”

十多年来，索南达杰自然保护站每年在中国招募30名志愿者，分12批到保护站志愿服务一个月，开展环境宣传、教育、培训及野生动物种群数量调查。志愿者回到城市后将进行5场以上的演讲，把自然生态环境保护的理念和志愿者的奉献精神进行更广泛的传播。

经过多年的努力和索南达杰自然保护站的成功运行，杨欣已经积累了一定的经验。但人们对于长江源头的保护意识还不够，政府和社会各界对它的重视程度还有待进一步深入加强。杨欣觉得，应该建第二个保护站。

2011年，杨欣在长江源头沱沱河畔的唐古拉山镇开始着手建造中国民间第二个自然保护站——长江源水生态环境保护站。近期，保护站基本完成建设并投入运转，志愿者除了完成保护站内部装修和设备安装调试的一些扫尾工作外，还对当地牧民和游客进行环境教育和环保宣传，开展垃圾回收及分类等工作，通过系列项目的开展，对长江源的水生态环境实施有效的保护。

建立这个保护站的费用约300万元，而资金来源除了图书义卖外，杨欣还获得了一些企业和基金会的支持。

利用义卖图书筹款建立自然保护站，杨欣在世界上也许是第一人。12年前，时任全国政协常委的梁从诫先生带领他的民间环保考察团“自然之友”前往德国柏林访问。杨欣也在其中。在一次座谈会上，有德国人在发言中展示了中国的部分照片，并指责中国人的环保意识差，政府工作做得差，中国没有真正的民间环保组织。顿时，所有在场的中国人哑口无言。这时，梁从诫先生站起来说：“这些照片我们承认。但是，在中国有这么个人，他通过义卖书筹集善款协助政府建立自然保护站，你们德国人有吗？”一席话顿时使在场的德国人哑口无言。原来在德国，几乎所有的自然保护地和国家公园的保护站、宣传中心等设施，都是由政府出资筹建，一部分还委托给民间组织进行管理。而身为发展中国家的中国，从出资到管理全由民间组织、由个人完成。杨欣赢得了在场所有人的尊重和赞扬。

## 穿越死亡线　“危险是我的生活方式”

多年来，杨欣在保护长江的道路上遇到了无数次的危险。从翻船、滑坡、狼吻之险，到队友的遇难牺牲，用他的话来说，“危险是我的生活方式”。

2005年，杨欣与队友在海拔5400米左右的山上进行冰川项目的科考。科

1996年，杨欣在索南达杰自然保护站奠基仪式上。

1986年9月19日，杨欣（右一）成功漂流虎跳峡。

考结束准备下撤时，山上下起了暴风雪。有着丰富探险经验的杨欣并不害怕，决定回营地，等待暴风雪结束后再出发。然而，他疏忽了一点，人长时间激动和大声说话容易引起高原反应。晚上，一位队友就在白天长时间大声聊天后出现了呼吸急促的问题。随队医生诊断为肺水肿。这是一种严重的高原疾病，如果不及时诊治，病人几小时内可能会死亡。通过输液和输氧后，队友的病情稍微稳定了一点。然而，第二天早上5点，药品告急，氧气罐内的氧气告急，他们不得不立即下撤。但是，经过暴风雪的肆虐后，他们已经看不到任何路。凭着自己的经验判断，杨欣带着队伍翻越雪山、沼泽和沙漠，跋涉约二十几个小时，终于走出了长江源。队友终于得到了及时治疗，生命被挽救了。

环保的路上布满荆棘和危险，即便如此，杨欣依然坚持着。用他自己的话来说，“长江漂流是一时的，而长江保护是一世的。这条道路相当漫长，它没有英雄主义和浪漫主义在里面。我们需要解决资金的问题、人的问题，谁能做？谁又能长期坚持做？这些都需要我们努力”。

谈到未来，杨欣很兴奋。他希望在自己的有生之年建立中国的第三个、第四个民间保护站，探索出一个成熟的保护长江的模式，并在全国大力推广。他希望人们在工作之余，通过举手之劳做些公益环保的事情。“不是每个人都能做出大的壮举，但只要你把公益环保当做一个习惯，我们中国的环保事业将有大的进步。”

# 周培源：永不满足的科学宗师

科学本身并不是枯燥的公式，而是有着潜在的美和无穷的乐趣，科学探索本身也充满了诗意。

·人物语录·

·人物小传·

## 周培源

他是清华大学历史上最年轻的物理学教授。他用科学、严谨、博爱的教育为中国培养了几代知名的力学家和物理学家，“两弹一星”元勋大多是他的学生。他师从爱因斯坦、海森堡等物理学大师，致力于物理学基础理论中难度最大的两个方面——广义相对论和湍流理论研究，一做就是 70 年，成为我国近代力学奠基人和理论物理奠基人之一。他为世界和平事业奔波 40 余年，在争取裁军、反对制造原子武器及其他大规模杀伤性武器方面做出了杰出贡献，被称为“中国人民的和平使者”。

20 多年前，初秋时节，中国科技界在北京中苑宾馆举办了“国际流体力学与理论学术讨论会”。会议除了学术交流，还有一项重要的内容是给一位老寿星庆祝 90 岁生日。专程前来祝寿的国内外著名专家学者总计 300 多人，其中有很多“重量级人物”：吴大猷、顾毓琇、李政道、杨振宁、周光召……如此阵容集体庆生，在学术界可谓空前绝后。

这位具有如此感召力的寿星是谁？为什么能够得到大家如此一致的尊重？

他就是我国近代力学奠基人和理论物理奠基人之一，曾为我国科技事业、教育事业和世界和平事业做出了杰出贡献的物理学界大师周培源。

时光荏苒，20 多年转瞬而过，在周老诞辰 110 周年之际，让我们一起回望他不凡的一生。

## 发奋读书、立志报国的清华才子

1902 年 8 月 28 日，周培源出生在江苏宜兴一个开明绅士家庭。而就在一年前，清政府签订了丧权辱国的《辛丑条约》，中国再次陷入了被列强瓜分、帝国主义凌辱的时代乱潮。幼小的周培源，就在那动荡不安、民不聊生的时局中成长。

10 岁开始，周培源随祖父离开宜兴老家，辗转于南京、上海读书，16 岁时入读上海圣约翰附中。在摩登都市读书的周培源常常在公园看到“华人与狗不得入内”的牌子，心中别是一番滋味，而一次相当屈辱的经历更让他坚定了振兴中华之宏愿。

那天，周培源和同学在外滩草地上散步，竟然被一个外国看守轰了出来，他非常气愤地问：“我们为什么不能在这上面走走？”那名看守漫不经心而又轻蔑地说：“中国有一天强大了，你们就可以在这上面走了。”这番经历让周培源刻骨铭心，他在感到愤怒的同时，也意识到只有中国强大了，才能不受外国人的凌辱，自己的人民才能在自己的国土上随意行走。

1919 年，志在拯救中国的“五四”运动爆发，周培源毫不犹豫地加入到游行请愿的队伍中，贴标语、喊口号，他始终冲在最前列。上海圣约翰附中也因此开除了他。

失去学籍的周培源没有放弃，他回到宜兴乡下，躲进一座寺庙继续潜心读书。一天在浏览报纸时，他无意间看到清华学校在江苏省招考 5 名插班生的广告，考试地点定在南京。刻不容缓，他立刻赶赴南京参加考试，正所谓机会只给有准备的人，他一举成功，得入清华。

多年后谈及此事，周培源仍兴奋地说：“那则报上的招生广告只登了一天，而且是非常小的一条消息，居然被我看到。”就这样，周培源迈向了人生最重要的一个转折点并与清华学校结下了不解之缘。

据周培源的儿子撰文回忆，当时的清华学校分中等科、高等科两部分，每科 4 年。而由高等科毕业后，要经过严格筛选，“品学兼优”者才可被直接送往美国，插班进入美国大学二年级、三年级，学成后回国。由于学校实行淘汰制，因而每年都要招收插班生。周培源报考时，清华已准备成立大学，所以不收一年级新生，而只收插班生。

在清华读书期间，周培源学习成绩优异。他特别钟爱数理化，崇尚“科学救国”。在他进入清华的第一年，爱因斯坦的相对论得到科学验证，在全世界引起轰动，各种报刊介绍相对论的文章比比皆是，极大地震动了青年周培源的心灵。于是他改变学工程学的初衷，决定学习物理学。

1924 年，周培源从清华大学毕业，当获准“庚款留美”时，他毫不犹豫地选择了芝加哥大学物理系。与许许多多“庚子赔款”出国留学的中国学生一样，他发奋读书，希望学得一技之长，报效祖国。他也正是凭这样的信念创造了一个奇迹：用了 3 年半时间，取得了学士、硕士、博士 3 个学位。1928 年，他获得加利福尼亚理工学院理学博士学位，并因其学业与科研成果特别优异而获得该院最高荣誉奖，与赵忠尧、何增禄二人一起被该院院长、诺贝尔物理学奖获得者、国际著名物理学家密立根称为“加利福尼亚中国三杰”。他的博士论文被当今自然科学史专家许良英评价为“起点高、难度大，说明他当年心志远大”。

周培源的女儿曾经问他：“何以能 3 年半连拿三个学位？”周培源回答：“勤

奋。别人夏天都休息时，我到处去选课，所以很快修满学校规定的学分。”

1929 年，27 岁的周培源回到祖国，接受清华大学校长罗家伦的聘请，成为了该校最年轻的物理学教授。

## 诲人不倦、桃李天下的教育大师

到清华任教后，周培源先后开设了理论力学、电动力学、相对论等理论物理领域的前沿课程，将世界上最前沿的理论和研究带到了清华。

物理学和数学一样，容易让人感到枯燥。但是周培源的课讲得生动有趣，富有感染力。他每一次讲课都非常认真、起劲，语速很快，却有深度和逻辑性。他十分注重引导学生进行主动思考，鼓励学生进行讨论。他曾说：“传播科学知识不能单凭呆板的说教，而应该有生动活泼的形式和技巧，才能引人入胜，潜移默化，达到最佳效果。”他讲课和作学术报告，常常是“听众太多”、“座

周培源在少年宫

无虚席”。

周培源既重视学生的基础训练，又主张“教学要与科学研究相结合，并身体力行”，要求学生“应该接触实际，学习解决实际问题的方法”，鼓励他们“大胆探索，勇于攻坚，不怕艰险，锲而不舍，为追求科学真理奋斗终身”。

毕业论文作为学生学业的重头戏，更是周培源紧抓的一个重点。他严格把关，逐段逐句斟酌，反复修改，而且亲手推导验证有关公式，对标点符号、图注、目录和页码都仔细校核。这样绵密而又一丝不苟的工作贯穿他的一生，他带的研究生们都说：“在我撰写的博士论文及发表的有关论文中，浸透着周老的心血。每一篇论文的完成及其英文表达，无不经周老数次悉心修改。”

周培源始终倡导“学生应当超过老师”。他说：“学生在前一辈人的基础上往前走，应该超过他们的老师，这样人类才会进步。不然，如果学生总是不及老师，那就一代不如一代，最后人类就要退步到成为穴居野人了。”

言传身教是他一生的事业，而为了推动祖国的教育事业，周培源还多次捐赠房产、文物和奖金。1987 年，他将祖传的 26 间共 600 多平方米的家乡住宅捐献给江苏省宜兴市科协，作为家乡人民开展科普活动的场所。两年后，他和夫人王蒂澄把他们数十年省吃俭用搜集收藏的 145 幅珍贵古书画捐献给无锡市博物馆。无锡市政府向他们颁发了一笔奖金，他们旋即将这笔奖金的大部分捐赠出来，作为科学基金与奖学金，用于资助鼓励科技、教育事业的发展，“让人人享受科学技术的恩惠”。他认为：“字画文物与奖金既来自人民，都应该把它们还给人民。”

这样一位德高望重的教学者，在他从事高等教育工作的 60 多年中，为我国培养了王竹溪、张宗燧、彭桓武、钱三强、何泽慧、何祚庥、王淦昌、李政道、朱光亚等几代知名的力学家和物理学家。“两弹一星”元勋大多是他的学生，有的还是他学生的学生，真不愧是“桃李满园的一代宗师”。

## 勤奋严谨、锲而不舍的科学巨匠

周培源的国际声誉，更多地源于他的科学研究。从 1926 年起，直至 1993 年去世，周培源从事相对论研究的时间跨度长达近 70 年，从事湍流理论研究长达 50 多年，先后在这两个物理学基础理论中重大而困难的领域里发表了数十篇论文，奠定了中国理论物理研究的基础。

周培源是谦虚的，面对这样的成就，他自称是“以勤补拙”。同时他也十分强调科学界前辈对自己的启发和影响，其中不得不提的就是他的“偶像”爱因斯坦。

周培源是中国唯一一位在爱因斯坦身边长期工作的人。1936 年，周培源利用清华的科研休假年到美国新泽西州的普林斯顿高级研究院参加由爱因斯坦亲自主持的广义相对论高级研讨班，在那里，他与爱因斯坦一起工作了一年，对运动方程等问题进行了深入的谈论。这一年的接触，对周培源一生的科学研究起到了深远的影响，爱因斯坦求解运动方程所用的逐级近似的方法，就对周培源后来的湍流研究有很大的启发作用。

回国后，周培源潜心研究广义相对论，之后为了支持抗战，他又转向更具实用性的湍流理论研究，都取得了丰硕的成果：他在上世纪 20 年代提出的广义相对论引力论中的“坐标有关”论点，上世纪 80 年代后期获得了科学实验的初步支持；1975 年他提出的研究湍流理论的“准相似性条件”，1986 年在北京大学湍流实验室中获得了证实；上世纪 80 年代，他又提出求解脉方程的逐级迭代法，从而使他 1945 年提出的湍流平均运动方程与脉动方程应联立求解的梦想得以实现，湍流求解问题得到彻底解决。50 多年来的顽强奋斗，他终于建立了我国独特的湍流理论体系，被世界公认为湍流模式理论的奠基人。

在很多人看来，周培源早已功成名就，大可颐养天年，但他仍抓住一切时间工作。至今，他的三女儿周如玲还记得一件事：1980 年，周培源在麻省理工学院当访问教授时，房间的空调机坏了，人坐在屋里热得直冒汗。他穿了一件背心，坐在书桌前一动不动地演算，一坐就是几个钟头。几天后，他把算稿拿给周如玲核对。五六页的算稿，密密麻麻地写满了各种公式、符号，加起来少说也有近万个字符。周如玲核对下来，只发现有一个张量的下标在誊写时抄错了，顷刻被感动得热泪盈眶。“要知道，那时他已是年近八旬的老人了。”周如玲说。

通常而言，科学家从事科技事业的黄金年龄在中青年，而周培源的黄金年龄段一直延续到耄耋之年。在他 80 岁至 90 岁的 10 年中，他和他的学生、同事

周培源（左一）与家人合照

共发表 24 篇科学论文，其中 7 篇重要论文都是他自己研究撰写以个人名义发表的，其他论文也大多是在他的主持研究下共同撰写的。一位科学家在如此高龄获得如此丰硕的科研成果实属罕见！这恰恰是因为他尊重科学，相信科学，对科学执著追求、锲而不舍。

## 热爱祖国、无私奉献的和平使者

作为一名科学家，周培源一直以他那特有的敏锐眼光、执著而科学的态度，推动着中国科学的进步；作为一名教育家，他一直以豁达的胸怀、严谨而细致的精神，伴随着中国教育事业的发展；作为一名爱国者，他又以他的实际行动，实现“科学救国”的理想。

“七七事变”后，周培源受时任清华大学校长梅贻琦之托，安排学校南迁，并先后担任长沙临时大学和昆明西南联合大学物理系教授。在昆明，他住的地方离学校有近 40 里路。他既要上课，又要照顾女儿上学，而代步工具只有一匹马，到后期只有人力脚踏车，但他风雨无阻，从未误课迟到，在艰苦的环境中还坚持着科学研究。

出于“抗战必胜，终有一日将驱除仇寇”的信念，一心想以科学救国的周培源，放下了研究了十几年的相对论，毅然转向了应用价值较大的湍流理论。多年以后当别人询问其中缘故时，他说：“当时我认为相对论不能直接为反战服务。作为一个科学家，大敌当前，必须以科学挽救祖国，所以我选择了流体力学。”

作为知名理论物理学家，周培源多次去国外进行学术交流，期间多次被高薪聘请，但他从不为之所动，每次完成任务就及时回国。1945 年，“二战”结束，周培源所在的美国国防委员会战时科学研究与发展局中的大部分科研人员都留在了美国海军部队，周培源也应邀留下，在新成立的海军军工试验站工作。但该站后来提出，应聘者必须是美国公民。听到这个消息的周培源态度十分明确：不入美国国籍，不做美国公民，只能临时在此服务，第二年 7 月必须要代表中国学术团体去欧洲参加国际会议。为了留住周培源，美方只得接受了上述条件。

1947 年，周培源毅然放弃在美国的优厚待遇，携同夫人王蒂澄及 3 个女儿回到祖国。那时，国民党已全面发动内战，在国内外的不少朋友得知周培源全家要回国时，都劝他不要这么做。周培源当时的想法是：“我虽不了解共产党的政策，但共产党人也是中国人，共产党在延安时期就有很高的声誉，而且我是由清华大学派送去美国进行科学研究的，所以我一定要回到清华大学工作。”回国后，他将爱女周如雁送入人民解放军。周如雁后来随军南下，参加解放全中国的战斗。

新中国成立后，周培源作为科学界的代表，参加了中国人民保卫和平委员会成立大会，并当选为常务理事。不久，他前往华沙出席第二届世界和平大会，从此开始了争取世界和平之旅，并为此奔波 40 余年。周培源曾多次说过：“10 亿中国人民是世界和平的坚决捍卫者。”“中国人民要以一个积极的姿态去参加国际和平活动，让世人听到中国人民的和平声音。”作为中国人民的和平使者，周培源在争取裁军、反对制造原子武器及其他大规模杀伤性武器方面，做出了杰出贡献。

## “这一辈子不是我所追求的”

1992 年，回到文章开头的那一天，90 大寿的周培源看到济济一堂的弟子，看到他们成长为科技界翘楚，看到祖国科学后继有人时，身着西装的他“从始至终眼眶都是湿润的”。他有在讲台上演绎几十度春秋的母语汉语，他英语娴熟，他有读取博士学位时的第二外语法语，但此时，好像哪一种语言都令他难以表达内心感受，唯有满头华发在灯光和鲜花的映衬下，熠熠生辉。

1993 年 11 月 24 日，周培源走完了他光辉的一生。

有人说他像一座大山，“离得越远，对大山的雄伟气势感受得越深刻”。有人说他像一条大河，“奔突着向前”。他自己却说：“这一辈子不是我所追求的。”周培源拥有科研育人两相高的人生，他却依旧对自己不满意，也许，“春蚕到死丝方尽”远远不足以描写他对自己所要求的人生。

# 严济慈：一生追寻“科学之光”

·人物语录·

敢于好高骛远，善于实事求是。

·人物小传·

## 严济慈

他是中国近代物理学研究的先行者，中科院院士，曾任中国科技大学的校长。他在压电晶体学、光谱学、地球物理学等方面做出了卓越的贡献，是中国现代物理学研究工作的创始人之一，也是我国光学研究和光学仪器研制工作的奠基人之一。他的一生是爱国奉献的一生，为新中国培养了几代科学工作者。他的一生是积极进取的一生，不断攀登科学的高峰，为中国赢得了荣誉。

1927 年 8 月，在一艘邮船上，留法归国的画家徐悲鸿向一个青年同胞大步走过去，热情地说：“您好，严济慈博士，我在《晨报》上看到过您的照片和大名，我叫徐悲鸿。”两人虽是初遇，却一见如故。途中，徐悲鸿为严济慈画了一张肖像素描，并题写了一行法文小字：“致我的朋友严济慈——科学之光，徐悲鸿。”这行题字，既寓含着严济慈研究的光学以及他的字慕光，又表达了徐悲鸿希望严济慈能成为祖国的“科学之光”，去照亮当时黑暗中国的心愿。多年后严济慈果然不负徐悲鸿的这段寄语，他成为我国杰出的物理学家，在压电晶体学、光谱学、地球物理学等方面做出了卓越的贡献，是中国现代物理学研究工作的创始人之一，也是我国光学研究和光学仪器研制工作的奠基人之一。他的奋斗经历伴随着中国无数青少年的成长，给予他们勇气，激励他们奋发……

1927 年回国邮轮上徐悲鸿为严济慈所绘素描像并为之题字。

## 母亲的纺织车哼唱童年的歌谣

1901 年 1 月 23 日，浙江东阳县的一户农家迎来了一个小生命，父亲给他取名“严济慈”。由于家境清贫，小济慈的童年几乎是在艰辛的劳作中度过的。还在襁褓之中，母亲吱呀的纺织车声便是他的催眠曲。小身板还不及牛高的时候，他便和村里的其他孩子一样，成了小牧童。

作为家中的长子，小济慈有幸入学读书，他也是姐妹兄弟五人中唯一上学的。小济慈没有辜负父母的期望，聪颖好学，刻苦上进。9 岁时，父亲从杭州书摊上买回一本从日文翻译过来的《笔算数学》小学教材，他如获至宝，独自一人钻研，竟能无师自通。

14 岁时，严济慈以第一名的成绩考入东阳县立中学。四年中，他学习成绩年年第一，尤其在数学方面表现出了善解难题、怪题的特殊才能。三年级时，他受校长之命，代替请假老师为一年级学生讲授数学而闻名县城。又由于英语成绩优秀，他深得英语教师、著名翻译家傅东华先生（《飘》的译者）的喜爱，为他取字“慕光”，这似乎也预示着他一生与“光”的不解之缘。

1937 年严济慈全家摄于北平永康胡同严宅大门前

## “另类”的情书

十二月（何师来）：500方合65元约；

一月（何师来）：800方合90元约；

二月（何师来）：1500方合190元约；

三月（熊师来）：850方合100元；

四月（爱出，胡师代寄出）：889方合80元；

五月（胡师来15磅）：1286方合130元约。

在一封写于1924年9月2日巴黎的情书中，严济慈向恋人张宗英“汇报”自己的经济状况。其中“何师”指何鲁，“熊师”乃熊庆来，“胡师”是胡刚复，“爱”指张宗英，“方”即法郎，“元”即当时中国的银元。

1918年秋，严济慈告别了故乡的小山村，告别父耕母织的贫困农民家庭，走进了南京高等师范学校（后改为国立东南大学）。

那时，严济慈的生活还是相当艰苦。平时他只有一件长袍，冬天是棉袍，夏天拆掉棉花，就是单的。有时候洗了未干，因要出门，不得不穿上半湿的长袍匆匆而去。南京高等师范的学生饭费由官方供给，每月3块大洋，一日三餐，上午10时还供应一碗牛奶。这已让严济慈这个布衣布履的农村学生心满意足了。

在南京高师学习期间，严济慈深得著名数学家何鲁教授的喜爱，得以遍览何鲁先生的法文藏书。他还担任了该校《数理化》杂志主编，兼任暑期学校的数学教师。同时，经何鲁教授的介绍，严济慈结识商务印书馆总编辑王云五，并应他之约，编著了《初中算术》和《几何正题法》。这两本书出版后的影响之大，出乎严济慈的意料。我国早期的许多数学家，几乎都读过严济慈这两本书。

大学生活不仅使严济慈得到良师益友的指导，而且使他认识了一位秀外慧中的女同学张宗英。张宗英是“五四运动”时期南京的学生运动领袖之一，也是东南大学招收的第一届学生中唯一的女性，后来成为了严济慈的终身伴侣。1923年秋天，从南京高师以第一名的优异成绩毕业的严济慈，利用两本书的稿费、暑期授课的酬金，以及他的老师何鲁、胡刚复、熊庆来三位教授的资助赴法国留学。

## 一年获得巴黎大学三张文凭

在巴黎，严济慈一门心思求学。仅仅一年，严济慈就以他坚实的基础、惊人的记忆力和不懈的努力，顺利地通过了三门主课的考试，取得三张主科文凭，获得了数理教学硕士学位。这是巴黎大学的校史上从来没有过的事。严济慈，这个来自中国的留学生，这个从不被人注意的、衣着朴素、不苟言笑的青年，他的名字，一夜之间，传遍了整个巴黎大学。

严济慈并没有停下求学的脚步，他要拿到博士学位。

不久后，63 岁的著名法国物理学家夏里·法布里教授接受了严济慈作为他亲自指导的研究生，到他的实验室从事研究工作。

法布里给他的博士论文题目是《石英在电场下的形变》，这是长达 40 年无人解决的难题，严济慈欣然接受了。

经过百折不挠的努力，他进行一次次实验，攻克一道道难关，博士论文终于写成。就在严济慈准备发表博士论文前夕，法布里突然找到严济慈，问道：“你的论文能等一两个星期发表吗？”

“当然可以。”严济慈一口答应，心里却禁不住地在问：“为什么？”

这是一个谜，法布里没有马上告诉他答案。几天以后，法布里教授以其出色的成就和资历，当选为法国科学院院士，这对一个法国科学家来说是最高的荣誉。法国科学院定期举行院士例会，例会上要宣读论文。法布里教授在自己首次出席的院士例会上，宣读的不是自己的研究成果，而是他的中国学生严济慈的这篇博士论文。

论文以其精确性和独创性震动了法国物理学界。掌声响起来了，法国科学界最高权威们的掌声，震动了整个巴黎。第二天，《巴黎晨报》第一版便刊登了“新院士法布里教授和中国学者严济慈”的醒目照片。论文答辩通过了，作为中国人的严济慈获得法国国家科学博士学位。

戴上博士帽，严济慈的第一个念头就是回国。

1927 年 9 月的一天，一直向东的轮船在蔚蓝的大海上行驶，载着这位 27 岁的青年返回祖国。正是在这艘留法归国的轮船上，他遇到了青年画家徐悲鸿，于是有了文章开头的那一幕。

## 教学育人才 研究攀高峰

回到南京后，严济慈与张宗英结婚。10月，严济慈同时受聘担任上海大同大学、中国公学、暨南大学和南京第四中山大学的数学、物理学教授，教授1~4年级的10门课程，计每周27小时。

第二年冬天，严济慈获得中华教育文化基金会甲等补助金，携夫人再度赴法。在沪、宁四所大学校方为其饯行的宴会上，严济慈答谢说：“我这次再去巴黎，为的是更加充实自己，回国后要让科学在中国土地上生根！到我儿子他们这一代，就不用再到外国去留学了。”在他的心中，已有一幅发展中国科学事业的蓝图。严济慈先后在巴黎大学光学研究所和法国科学院大电磁铁实验室做了两年研究工作，并到居里夫人实验室，帮助安装调试显微光度计和做有关干涉现象的测试。1930年底，严济慈回国前夕，居里夫人送给他一些放射性氯化铝，以支持在中国开展放射学研究工作。

在此后的8年时间里，严济慈以“加倍的努力与拼命的苦干”从事科学研究。他白手起家，在十分简陋的条件下，废寝忘食、夜以继日地从事学术研究，取得了压电晶体、压力与照相以及光谱学等方面的成果，在美、英、法、德各国科学期刊上发表了53篇论文。

同时，他还为祖国培养了未来一代杰出的科学精英，如钱三强、钟盛标、钱临照、陆学善、顾功叙、吕大元、杨承宗、余瑞璜、霍秉权等。严济慈带着他们搞研究，教他们外语和专业知识，等到他们能独立做研究工作时，就把他们一一送到国外深造。

自1932年起，清华大学庚子赔款委员会选派学生出国留学，物理试题均出自严济慈之手。他只要发现很有才华的青年，都会为他们及时提供出国深造的机会。比如后来发现“铀的三分裂和四分裂现象”的著名核物理学家钱三强，就是由他亲自带到法国，推荐给巴黎大学镭学研究所著名的居里实验室，从事研究工作。

## 身在海外　心系祖国

“请大家注意一个现实问题，此刻，就在我们神圣的会议正在讨论保护各国文物古迹时，日本侵略者已经扬言要轰炸北平！”1937年5月，严济慈赴法国、瑞士参加5个国际会议。刚到巴黎一个星期，震惊中外的“卢沟桥事变”爆发了。日寇惨绝人寰的烧杀抢掠，使身处海外的严济慈忧心忡忡。在巴黎国际文化合作会议上，严济慈慷慨陈辞：“北平是闻名于世的千年古都，我提请世界舆论公共谴责日本侵略者这一毁灭文化的罪恶企图。”环顾四周的各国代表，他又郑重指出：“我虽是一介书生，不能到前方出力，但是我要马上回到我的祖国，和千千万万中国的读书人一起，为神圣的抗战奉献我的绵薄之力……”

第二天，“严济慈将率大批留法学生回国投入抗战”的新闻见诸报端，立刻引起了千里之外的日本情报部门的高度警觉。严济慈严厉谴责日本侵略中国的言论发表后，他不可能也不愿再回到日本占领下的北平，便取道河内到达昆明，主持筹建北平研究院驻昆明办事处，把物理研究所迁到昆明郊区黑龙潭，从此

严济慈在北平物理研究所实验室

投身于抗日洪流。

抗战 8 年，严济慈将其工作完全转向军需用品的研制。当时，敌机频频空袭大后方，防空警报器的自动控制系统，遂成为亟待解决的课题。严济慈听说这项课题将关系千百万同胞的生命安全，立即带领研究人员夜以继日地制作出 1000 多个石英振荡器，供给承担生产防空警报器的无线电厂。这种石英片由于有固定的振动频率，一旦通电，可以带动所有警报器同时鸣响。

他招收青年工人，并亲加培训，一起与他们切割水晶片，研磨镜头，测量焦距，制作出 300 多套步兵用五角测距镜和望远镜。他还带领众人制作了 500 架放大 1500 倍的显微镜，供给战时救护的医院和学校。由于他的出色贡献，1946 年抗战结束，他被授予了“胜利勋章”。

## 半生情倾新中国

1949 年 9 月的一天，中国科学院院长郭沫若到物理研究所拜访严济慈。据严济慈回忆，这是他与郭沫若的第一次握手。

郭沫若先与严济慈畅谈了新中国发展科学事业的宏伟前景，然后委婉地提出，希望严济慈出任中国科学院办公厅主任，协助他从事繁重的管理工作。想到要离开他清苦却魅力无穷的实验室，严济慈有些犹豫，说：“一个科学工作者一旦离开了实验室，就是他科学生命的结束。”但郭沫若充满激情的劝说又使他无法拒绝：“倘因此而能使成百上千人进入实验室，岂非更大的好事！”

严济慈被打动了，迈出了人生重要的一步，出任中科院办公室主任兼应用物理研究所所长。后来他担任过中科院东北分院院长，中科院数理化部委员兼技术科学部主任，中科院副院长，中国科技大学副校长、校长、研究生院院长等职务。

严济慈全神贯注地从事科技研究，培养科研人员，为我国科学技术的发展做出了卓越的贡献，甚至在国外也产生了深远的影响。1980 年，严济慈第五次出访法国，受到法国科学界异乎寻常的热烈欢迎。许多退休多年在外省居住的老院士也专程赶到巴黎。欢迎会上，有“高压电子显微镜之父”之称的杜普锡院士发表了热情洋溢的讲话：“严济慈先生在中国做出了巨大的事业，他是科学研究及其

严济慈（左二）与杨承宗（右一）、马大猷（左一）、吴文俊（右二）在一起

应用第一个规划的主要创造者和实行者。由于他所具有的创造热情和杰出的工作才能，使他在物理学及这一学科的最新领域里做出了重大的贡献……”

也是在这一年，严济慈以80岁高龄加入了中国共产党。一年后，他在转正申请书中写道：“像我这样亲身参加中国科学院建立工作的人，现在虽已老了，但我看到大批新秀崛起，实在是后生可畏，后生可敬，后生可爱。我决心做一名辛勤的老园丁，浇灌出万紫千红的新花……”

1996年11月2日，严济慈在北京去世。

2012年5月28日下午，经国际天文学联合会小天体命名委员会同意，中国科学院国家天文台1997年发现的一颗国际永久编号第10611号的小行星，被正式命名为“严济慈星”，以纪念中国著名物理学家和教育家严济慈院士。

“外表看不苟言笑，很严肃，是严父，内心却是慈父。”严又光这样评价他的父亲。严济慈的为人就像他的名字，一面是个“严”字，一面是个“慈”字，严慈相济，正是这位让人崇敬的科学巨匠一生追求的至高境界。

# 冯艺东：因为喜欢，就不觉得辛苦

生活本身就充满了我们热爱它的理由，只要你愿意，每个人都可以为他人的美好生活增添一分色彩。

·人物语录·

·人物小传·

## 冯艺东

他曾是中国证券登记结算公司（证券期货业数据中心）数据服务部总监。他是第十六届“中国青年五四奖章”获得者。他不仅在计算机技术方面具有丰富的知识和很强的工作及管理能力，并且具有深厚的法律知识功底，是典型的复合型人才。他带领项目团队建设的中国结算数据仓库系统，已经成为证券市场监管和改革创新的坚实数据基础，也是面向市场提供权威数据服务的平台。他热心社会公益事业，设立了国家级贫困县河北省广宗县历史上第一个由个人捐款设立的奖教奖学基金。

冯艺东毕业于北京大学，获得北京大学计算机软件专业理学学士、博士学位和知识产权专业法学学士学位；工作后又参加长江商学院 EMBA 学习，获得高级管理人员工商管理硕士学位。冯艺东于 2002 年 3 月加入中国证券登记结算公司，曾任中国证券登记结算公司（证券期货业数据中心）数据服务部总监。

## 勤于钻研　与纷繁数据“对话”

冯艺东加入中国证券登记结算公司后，严格遵守公司的各项规章制度，认真钻研专业知识，勤奋刻苦工作，很快成长为公司的业务骨干。

在同期加入公司的员工中，他是最早被提拔担任中层领导职务的。

冯艺东从北京大学校长手中接过博士学位证书

冯艺东积极参与公司的技术管理，对公司技术建设提出了很多重要的合理化建议，并被领导采纳。他起草完成了多项技术管理制度，为公司技术管理制度体系的建设和完善做出了突出贡献。他专业知识扎实，技术能力强，是中国证券登记结算公司总部大多数核心技术系统建设的项目负责人，也是中国证券登记结算公司承担的多项证监会重要技术系统建设的项目负责人。

冯艺东带领项目团队建设的中国结算数据仓库系统，已经成为证券市场监管和改革创新的坚实数据基础，也是面向市场提供权威数据服务的平台。在这个项目建设之前，由于上海和深圳两个证券交易市场是分离的，因此投资者在两个市场的登记结算数据也是割裂的。证券市场缺乏一个能够把两个市场的数据信息联系在一起的纽带，甚至连投资者的具体人数都很难弄清楚。这无疑将严重影响证券市场的监管和创新发展。为了解决这个问题，公司决定建设中国结算数据仓库系统来实现两个市场的登记结算数据的整合，并决定由冯艺东带领团队负责这个项目的建设。

由于两个市场的业务规则、技术系统和数据标准都是不一样的，要想整合，就得必须把它们都弄清楚。其实，这不是一件很容易的事情。但是，做事一向不服输的冯艺东并没有退缩。他带领项目团队的同事们，一下子扎进了业务和技术的海洋中。为了保证每个阶段的工作任务能够及时完成，加班加点是家常便饭，通宵达旦也是经常的。也会有同事叫苦，他就鼓励他们说："能有机会为证券市场的改革发展做贡献，是我们的荣幸。"

每天面对纷繁复杂的数据和庞大的计算机系统，旁人看来未免枯燥。但是冯艺东并不这么认为，他觉得做数据处理工作其实就像和数据对话一样，是很有趣的事情。他说，因为喜欢，就不会觉得辛苦。

## 注重细节 为数据安全提供有力保障

冯艺东在工作中特别注重细节，要求很严格。有一次，他让同事比对两个统计数据，发现稍有差异，那个差异已经到了小数点后几位。即使这样，他还是很不满意，一定要找出不一致的原因。经过反复地检查，最后发现是两套系统的系统软件在某些情况下的四舍五入规则不一致造成的，他这才放心下来。

冯艺东说，他特别信奉“细节决定成败”这句话。因为在他们建设的系统中的数据，都牵扯到广大投资者的切身利益。哪怕有一个非常细微的差错，都有可能造成投资者的利益的损害，引起市场的混乱。

冯艺东还带领项目团队完成了一系列对证券市场改革发展发挥了重要作用的项目的建设：“上市公司股东大会网络投票系统”，是证券行业第一个上市公司股东大会网络投票系统，为股权分置改革的顺利推进起到了基础设施作用，有效保障了中小股东的合法权益；“开放式基金 TA 系统”，是唯一为基金公司提供集中式登记过户服务的系统，大大降低了行业成本，提高了行业效率；“CA 系统”，目前为证券行业 3000 多家证券公司营业部提供身份验证服务，是唯一在证券全行业应用的 CA 认证系统。

冯艺东带领项目团队制订了“证券登记结算业务数据交换协议”，该协议由证监会作为金融行业标准正式发布；建设了“证监会机构监管综合信息系统”，该系统极大提高了证监会机构监管的效率和水平。

由于他带领项目团队建设的多个技术系统对提高证券行业技术服务水平和效率起到了很好的促进作用，冯艺东在证监会于 2007 年组织的首次“证券期货业科学技术奖”评选中，获得“最佳创新奖”。在证监会于 2009 年组织的“证券期货业科学技术奖”评选中，他获得了三等奖。冯艺东还获得了“2011 年度全国金融青年五四奖章”。

冯艺东不仅在计算机技术方面具有丰富的知识和很强的工作及管理能力，并且具有深厚的法律知识功底，是典型的复合型人才。除技术工作外，冯艺东积极参与业务课题研究工作。作为课题组负责人，完成了证券行业重大法律课题研究项目“证券登记结算数据电子化的法律问题”，梳理并回答了证券电子化交易带来的与登记结算相关的法律问题，研究报告得到业内专家的一致好评。

证监会党委会于 2010 年 6 月正式决定成立“证券期货业数据中心”，并决定由中国证券登记结算公司设立专门机构承建。该决定的重要依据之一正是冯艺东主笔完成的《证券期货业数据中心可行性研究报告》。在该报告中，冯艺东对证券期货业数据中心的定位、建设思路、运营模式等，提出了很多独到并且操作性很强的见解，得到了证监会领导的一致认可。随后，冯艺东全程参与证券期货业数据中心的筹备和建设，对数据中心的业务发展和各项基础建设积极提出合理化建议。他主持制订了数据中心工作规划，参与制订各项管理制度，认真组织开展证券、期货、基金等行业数据标准接口的制订工作和数据收集保存工作。在一年左右的时间里，证券期货业数据中心基本完成了证券、期货、基金数据集中报送标准的制订以及数据收集保存工作，为证券期货业的数据安全提供了有力保障。

## 热心公益　以爱心回报家乡

冯艺东是中国民主同盟盟员。作为民主党派成员，他积极为民盟组织的发展建言献策，多次被评为“优秀盟员”。

冯艺东热心并以实际行动积极参与社会公益事业。2011 年 10 月，他向民盟中央组织的“民盟农村教育烛光行动”捐款 10 万元，在民盟中央定点帮扶的国家级贫困县河北省广宗县设立奖教奖学基金，这是该县历史上第一个由个人捐款设立的奖教奖学基金。

冯艺东是从山东沂蒙山区成长起来的青年，在工作上取得一定成绩后，积极回馈母校的培养，在中学母校山东省沂源县第一中学成立 50 周年之际，向母校捐款 10 万元，成立“华杰奖学金”，这也是该县历史上第一个由校友捐款设立的奖学金。时隔一年后，他又追加捐款 10 万元。

冯艺东设立“华杰奖学金”，并不只是单纯的捐款，更为重要的是，他创造性地设计了一种奖学金的有效滚动机制。冯艺东和当地政府及学校达成协议：每当奖学金基金有新的捐款加入，当地政府将向该基金划拨等额款项。每次评奖，学校将免收获奖学生的当年学费。这样同时体现了政府、学校和社会对优秀学生的奖励责任。获奖学生在领奖时须承诺，未来工作并且年收入达到某个标准后，须向该奖学金基金捐入不少于当时所获奖励的金额（包括被学校免收的学费）。这样，既实现了奖学金基金的自我补充和有效滚动，又激发了获奖学生的社会责任感。

冯艺东心语：细节决定成败，“天下大事，必作于细”

## 多才多艺　爱工作更爱生活

在做好本职工作之余，冯艺东还热心于公司工会、团委及其他公益工作，积极参加并协助组织公司的各项重大活动。他还担任了中国证券登记结算公司成立5周年宣传片的总导演，该宣传片在2006年3月于钓鱼台国宾馆举办的公司成立5周年庆典上播放，获得了出席庆典的领导和业内同仁的高度评价。

冯艺东说，他只是这个团队中非常普通的一员，这些成绩的取得，都是因为赶上了金融证券市场的繁荣发展的好时期，也是因为公司提供了一个非常好的事业发展的好平台。

他说，他只是一个平凡的人，只是在做一些力所能及的事情。

认真对待每天的工作和生活，把每天的工作都当做自己一生的事业来做。正是千千万万像他这样的平凡的人创造出了所有不平凡的事业。每个平凡的人身上，都有自己独特的风采。

# 胡铃心：触摸天空的科技新星

我不是什么天才，我们的每一件作品都是失败了上百次甚至上千次才产生的。

·人物语录·

·人物小传·

## 胡铃心

他是“中国青年五四奖章标兵”获得者。从童年时看到从头顶飞过的飞机开始，他把自己的实践和梦想都给了蓝天。他用自己的智慧寻找飞翔的力量，长大后要设计飞机的梦想一直没有中断。高中时，他有3项发明成果获国家专利，被授予“福建省小发明家”和“全国发明创造之星”称号。大学期间，他6次荣获国内外大学生科技创新竞赛最高奖。

在很多人眼里，他是航天天才。他自己却说："我不是天才，我的每一次成功都经历了许多次的失败。"

幼年时，他渴望开着飞机翱翔在祖国的蓝天，他看着天上的飞机兴奋地冲妈妈喊道："长大了，我要设计飞机！"

长大后，他潜心钻研，一个个飞行器发明在他的手中诞生。有谁会想到这种儿时呓语般的梦想有朝一日竟然成真。

他就是一心一意致力于我国航天飞行器研究的南京航空航天大学在读博士生胡铃心。

## 初生牛犊不怕虎

小时候的胡铃心就是一个充满想象力的孩子，尤其喜欢看天上的飞机。他说："小时候只要一听到飞机飞过，便会立刻冲出门去仰望天空，直到飞机在天幕消失许久，才恋恋不舍地离开。那时就暗下决心长大后一定要坐飞机、造飞机、开飞机。"

"现在知道自己不能开飞机升上天，就只有努力研究飞机，争取把更多的人送上天去。"他笑着说。带着这种信念，他开始了自己的航空航天设计之旅。

他的飞天梦首先开始于中学时的小发明、小创造。

"我最早的'发明'可以追溯到初一时发明的'仿手型'电话，即盲人电话。"胡铃心说，"最好的发明永远都源自于生活，世界因创造而精彩，发明就在我们身边。"11 岁时他设计出了"飞机减重悬挂装置"。

一提到发明创造，记者立刻联想到那些调皮好动的孩子，他们比较喜欢动手，但当记者问胡铃心小时候是个调皮的孩子还是沉静的孩子时，他告诉记者他小时候不是一个调皮的孩子，但从小爱好发明创造，特别是对飞机情有独钟。

也许是因为父母学的都是电气自动化专业，潜移默化的影响引发出他对自

2007 年，胡铃心（左四）获得 2007 年度太空探索创新竞赛亚洲赛区第一名。

然科学的最初兴趣，喜爱钻研的他颇有一种“初生牛犊不怕虎”的挑战精神。

胡铃心“挑战”的第一个“权威”是他自己的父亲。当时从事机械设计制造的爸爸胡钦垒设计开发了一款“可升降晒衣架”，晴天伸出窗外晒衣服，下雨时能自动收回，产品展销时很受欢迎。

正读初中的胡铃心认为爸爸的这种设计有局限性。不出所料，居民住房推行安装防盗网后，这种晒衣架被淘汰了。胡铃心据此潜心改进发明了另一种“自动晒收衣机”，它带有光敏传感器和湿敏传感器，下雨时卷轴上的篷布展开可以遮盖晒衣架，雨停时湿敏传感器的电路断开，篷布又重新卷起。这样的创新成果，让胡爸爸“甘拜下风”。

上高中后，他的发明创造更多了，并且数十次荣获各级大奖。高二时他取得的高效率扳手、易拆卸订书机、定量倒药瓶 3 项成果，同时获得了国家发明专利，被授予“福建省小发明家”和“全国发明创造之星”等荣誉称号。

## 在航空航天的世界里翱翔　机遇总是垂青有准备的头脑。

高二时，他以上万字的《卓越非凡的超级客机》创新方案，获福建省科技创新竞赛一等奖，还捧得“飞豹”飞机总设计师陈一坚院士亲手签名的“飞豹”航模。看过这篇论文的教授们都认为，该论文从论点到论据都有很强的专业性、前瞻性和创新性，甚至超越了不少航空专业的大学生。

正是这份设计方案打动了南京航空航天大学的教授，胡铃心被南航的伯乐相中。2001 年，胡铃心在高考成绩比福建省重点录取线低 8 分、比南航在福建省的录取线低许多的情况下，被南京航空航天大学慧眼识宝破格录取，只因为他的航天科研潜力。

进入南航后，他受到了南航为“本科生配备博士导师”的特殊培养，他的导师是全国教学名师、南航微型飞行器研究中心主任昂海松教授，这为胡铃心的航天研究提供了得天独厚的优势，胡铃心也因此如虎添翼。在昂教授的指导下，2002 年，胡铃心和合作伙伴经历了 16 个月的艰辛研制，研制出“微小型可控扑翼飞行器”。胡铃心说：“这是一种‘仿鸟’的飞行器。普通飞机飞行期间机翼是不动的，但是这种飞行器的机翼可以上下扑动。这项研究在国外当时尚处于探索阶段。由于它涉及非定常涡动力学和 MEMS（微机电系统）技术等前沿领域，对我们来说是一个巨大的挑战。”

胡铃心几乎将所有的课余时间都投入到科研中。由于飞行器体积小，对其 MEMS 器件要求很高，比如舵机的重量需小于 3 克。而当时能买到的舵机重量都在 6 克以上。他们通过不断的实验，应用逆向发明法，设计出了新的舵机结构，最终研制出仅重 1 克的微型舵机，解决了关键核心部件的自备问题。他说：“类似的难题还有很多，比如扑翼柔性的选择、空气动力学的设计，等等。”

正如拿破仑所说，“最困难之时，就是离成功不远之日”。通过不断总结以往失败的教训，经过近两年时间，这款飞机终于成功飞上了蓝天。多年过去了，胡铃心对于当时试飞的场面还记忆犹新：“飞机在前面飞，后面有一群小鸟跟着飞，或许它们把我们的飞机当做‘老乡’了吧！”

中国著名航空专家屠基达院士对此高度评价：“微型可控扑翼飞行器”是对航空学飞行新原理和新概念的探索，对于未来飞机的发展有着重要的科学技术价值。”“神舟”飞船设计师郑松辉激动地为他写下“勇于追求，敢于探索”8 个字。

2003 年，胡铃心团队研发的“微小型可控扑翼飞行器”在第八届“挑战杯”

全国大学生科技竞赛中荣获“特等奖”。

2004 年，由胡铃心领衔的迅杰创业团队以“微波快速修复技术”参加第四届“挑战杯”中国大学生创业计划竞赛，获得全国金奖。一个人双双摘下“挑战杯”科技作品竞赛和创业计划竞赛的最高奖项，是十分少见的。

2005 年 3 月，胡铃心带领团队参加“飞向未来——国际太空探索创新竞赛”，并以一种新概念航天器——“多面手太空线缆系统”战胜清华、北大等知名学府的博士生作品，以绝对优势获得了第一名。美国海茵莱茵基金会负责人 Dula 先生地激动握着他的手说：“中国小伙子，了不起！”

了不起的是什么呢？不是所谓天才的资质，也不是夺目的光环，而是他勤奋地学习航天知识，善于奇思妙想，不断创新的精神。

这年 11 月，胡铃心和团队成员一起带着一架名为“奇奇”的新概念无人直升机再次出现在“挑战杯”的现场，经过激烈的角逐，“奇奇”从众多参赛作品中脱颖而出，获得了第九届“挑战杯”一等奖。胡铃心和伙伴们捧着华丽的奖杯，表情淡定。面对台下的掌声，他只是强调：“我不是什么天才，我们的每一件作品都是失败了上百次甚至上千次才产生的。”

他非常清楚——他的成功源于勤奋刻苦和坚持不懈的创新。

## 在团队中成长　在兴趣里探索

胡铃心认为，虽然取得了一些成绩，但所有的成绩背后，都凝聚着老师、同学们的辛勤汗水。为此，他坚持用真诚对待每一个人，坚持尽他所能帮助身边的同学。他先后用获得的各种奖金购买了“数字示波器”捐赠给南航大学生科技中心，捐助 1 万元帮助贫困大学生顺利完成学业，捐款 3 万元帮助中学生开展课外科技活动。

他非常注重团队意识，刚进南航加入学校大学生科技中心时，他选择担任科技中心的管理员，是为了接触更多的科技兴趣小组，和更多爱好科技的同学们一起交流、探讨，共同进步，在思维碰撞中获得更多的创新灵感。

当记者问到他如何看待“一个人的素质等于他周围最亲密五个人素质的平均值”时，胡铃心说：“这和‘近朱者赤，近墨者黑’一个意思，说明我们周

胡铃心在实验室研究

第九届挑战杯，胡铃心代表南京航空航天大学参赛，图为胡铃心调试新概念无人直升机。

围环境对个人有着很大的影响，同时我们个人对周围最好的几个朋友也有很大影响。我庆幸自己认识了一群优秀的同学，在大家的互相影响和帮助下，我们创新团队先后有 8 名同学由于竞赛成绩突出获得保研资格，有两名同学获得了“中国青少年科技创新奖”。每当周围同学取得成绩时，我都比自己获得很大成功更加高兴。”

谈起他曾经的骄人成绩，胡铃心总是一笑而过。他说：“兴趣是最好的老师。”他一直都对航空航天科学研究有着浓厚的兴趣，有人问他在科研中需要那些能力，他总结三点：一是独立探索和思考的能力，要用批判式思维看待周围的一切，这样容易找到创新的灵感；二是坚定不移，自强不息，遇到困难不气馁；三是团队协作精神，在一个团队中找到自己的位置，发挥自己的作用，这甚至比个人的研究能力更重要。

胡铃心坦言：搞科研的人不仅需要团队意识，更需要协调好学业与科研的关系。

胡铃心入学时的学习成绩是全班倒数第一，一学期之后，跃居全班第二。

他说，他每年要参加多项课外科技活动，这需要消耗他大量的时间和精力，经常是比赛刚结束马上又要面临考试。因此有很多人问他科研是否会影响学习。他觉得大学生不应该单纯为学习而学习，更不应该只为考试而学习。单纯为学习而学习的人永远无法领悟学习的真谛，正如丁肇中教授所说，一心想获得诺贝尔奖的人永远得不到诺贝尔奖。就他自己来说，他在课外科技活动中主要进行的是航空航天领域的研究，这是他的兴趣所在，也与他所学的飞行器设计专业课是密切相关的。比如，研制微型扑翼飞行器时要用到很多空气动力学的知识，而空气动力学本身就是一门重要的专业课。他在上这门课之前就已经在实践中进行了自学，等到开课时再学起来就很轻松，最后期末考试这门课取得了 98 分。

他说：“学习和创新之间并不矛盾，它们是相辅相成的关系。在创新的实践中学习，是一种高效率的学习方法。我们要提高学习的效率，上课的时候我们特别认真听讲，课外相对来说就少花一点时间学习，挤出时间去参加课外活动。带着这种精神，大学期间他先后 6 次荣获国内外大学生科技创新竞赛最高奖；大学毕业后，他以优异的专业成绩获得南航本硕博连读资格。

# 张钰哲：天穹中那颗闪亮的星

从事科学工作的人，如果一心想倡惊奇论调，欺世盗名，而不潜心于真理之追求，为知识而舍身，在学术上恐怕永不能有何贡献。

·人物语录·

·人物小传·

## 张钰哲

他是中国现代天文学事业的奠基人之一。1929年美国芝加哥大学天文系博士毕业，曾长期担任中国科学院紫金山天文台台长。1978年，《国际小行星通报》将国际编号第2051号小行星命名为“张”，以此纪念他在天文学上的杰出贡献。1990年10月，中国邮电部发行第二组中国现代科学家纪念邮票，其中一枚为张钰哲头像。

200多年前，德国哲学家康德说，“有两样东西，愈是经常和持久地思考它们，对它们日久弥新和不断增长之魅力以及崇敬之情就愈加充实着心灵：我头顶的星空，和我心中的道德法律。”

100多年后，在中国，有一个人，为了他头顶的星空，追寻一生。他将发现的一颗小行星命名为“中华星”，开创了中国人命名小行星的先河；他组织拍摄了中国境内的第一张日全食照片；他第一次提出从研究哈雷彗星的回归，来解决“武王伐纣”究竟发生在哪一年的历史悬案……

他，就是我国近代天文学的奠基人、著名天文学家张钰哲。

张钰哲在为青少年儿童讲解天文科普知识

## 芙蓉弄的娃娃“遇”彗星

走进福州朱紫坊，穿过花园弄，一座低矮破旧的老宅院就“藏”在昏暗弄堂的尽头，这就是位于芙蓉弄 7 号的张钰哲故居。

多年前的一个夏天，在福建闽侯县一古旧宅院的空旷处，每到晚上，总有个瘦弱的小孩子仰望星空，辨认着闪烁着神秘光芒的北斗七星和其他星座，孜孜不倦，兴趣十足。河塘蛙声和小伙伴们捉迷藏的喧闹都无法让他分神，他就是自小爱好观察天象，迷上天文学的张钰哲。

1902 年 2 月 16 日，张钰哲出生于福建省闽侯县一个职员家庭，是五兄弟中最小的。两岁时父亲逝世，跟随母亲艰苦度日。1910 年 5 月，张钰哲 8 岁了，当举世瞩目的哈雷彗星出现在天空，那拖着长尾巴在夜幕中璀璨划过的景象从此深深地印在了小张钰哲的心中。

## 不忍中国古学消亡　转学天文系

“天文学乃中国古学，在我国启昌独早，其研究规模，千年前即已灿然大备，惜后中落……近百年复受晚清腐败政治之影响和军阀的摧残，天文古学更日就消亡，几成绝响。诸君关心国粹，扶翼文明，想亦深同愤惜也。”

读到这里，张钰哲的心微微颤抖了一下，难道中国真的要沉沦下去？难道天文古学在中国从此就要消亡了吗？

1923 年，21 岁的张钰哲赴美求学，先后在美国普渡大学机械工程系和康奈尔大学建筑系学习。

一天晚上，在同学的宿舍里，他偶然发现了一本小册子，就是这本小册子却改变了他的一生，也改变了中国天文事业的命运。这是一本普通的天文科普读物，但作者一段令人心泣的卷首语深深触动了他。

于是，1925 年，张钰哲转学到芝加哥大学天文系，并以优异成绩先后获得天文学学士、硕士和博士学位。

## 苍穹中有颗“中华星”

1928年11月22日夜，美国叶凯士天文台爆发出一阵欢呼声。一个高挑身材，面庞清秀的中国小伙子一边摘下眼镜揩去激动的泪花，一边不禁高喊着：“捉住了，捉住了！我终于把它捉住了……”

他就是我国著名天文学家张钰哲。两年中，他一直在苦苦地追索，在茫茫星海中找寻一颗人类从未发现过的行星。这颗星溜得太快了，当它刚一进入张钰哲的眼帘时，又在转瞬之间躲进了茫茫的星海中。

为了它，两年时间张钰哲从未睡过一个好觉，伴随他的只有伸向星空的天文望远镜。多少个不眠之夜过去了，张钰哲熬红了双眼，深陷的面颊显露出苍白的容色，但他依然如故，仍在星海中搜寻。

经过连续的观测和精密的轨道计算，张钰哲确信两年前他发现的一颗星是从未有过纪录的新行星。今天，当这颗星再次进入他的观测网时，他轻按相机快门，终于将这颗新星留在了底片上。张钰哲的发现，很快就得到了“国际行星中心”的承认。

依照国际惯例，发现者有权为它命名。身处异国他乡的张钰哲，此时心潮澎湃：天文学乃是我国古学，成就早就领先于世界各国。只是到了近代，我国才落后于西方，就天上闪烁的行星来说吧，没有一颗是中国人发现的。多少年来的梦想今天终于实现了，中国人发现了行星，中国的名字也将在太空遨游。“就叫它‘中华星’吧！”张钰哲坚定地说。

从此，一颗命名为“中华星”的行星带着海外游子的拳拳报国心闪烁在无垠的宇宙之中。

1929年秋，张钰哲回国受聘于南京中央大学物理系教授，讲授天文学、天体物理学和天体力学等课程，同时被中央研究院天文研究所聘为通信研究员。

## 抢运国宝

“九·一八”事变后，日本帝国主义侵占了我国东三省并继续西犯，不久又占领了热河地区，矛头直指平津。

1932年9月10日，正在南京紫金山天文台服务的张钰哲，受台长余青松的派遣，到北平将安放在古观象台上的4件古天文仪器抢运至南京，以免落入日本人之手。

安放在北平古观象台上的4件古仪器，是我国的传世之宝，也是世界上罕见的古雕铸珍品。其中的两件——天象仪和圭表，曾遭八国联军的劫掠，落入德、法侵略军之手，直到第一次世界大战结束后，由于我方是战胜国，才几经周折将宝物要回。难道让它们再次落入侵略者的手中？想到这里，张钰哲深感肩上担子的沉重，无论如何也要把国宝抢回来。

到了北平，他顾不得喘一口气，直奔古观象台。张钰哲令人将天象仪和圭表装入木箱内，然后运送到火车站，通过铁路运往南京。剩下的浑天仪和简仪竟是庞然大物。这两件铜铸仪器分别重8吨和7吨，像两座小山一样稳坐在古观象台上，难怪八国联军对它们奈何不得！

张钰哲八方求援，跑遍了整个北平城，都找不到一辆可以运载它们的车辆。根据南京政府的密令，一旦北平危急，即将这两座古宝炸毁，决不能落入日本人之手。奔波了一天的张钰哲回到古观象台时，看到全副武装的士兵散站在两架仪器的旁边，正在筹划着炸毁仪器。

张钰哲一个箭步冲上去，用手抱住了浑天仪，热泪夺眶而出，口里重复着一句话："等等，等等，你们要相信我……"此时，他的心像撕裂了一样疼痛。急切之中，他猛然想起了光绪年间浑天仪自钦天监紫微殿移到观象台，两地相距3公里之遥，这个庞然大物是如何过来的呢？经过了解，答案找到了，原来是在严冬季节，沿途百姓泼水成冰，100多个壮汉将仪器前呼后拥着从冰道上推过来的。

张钰哲茅塞顿开。早秋的季节自然制不得冰道，但滚动的圆木可以将摩擦力降低到最小限度。

第二天清晨，张钰哲叫来几十名工人。在两件古仪器的底座下垫起了一排整齐的圆木杠，在一声声的吆喝中，两件古仪器一寸一寸地移向大门口，穿过裱褙胡同，经西观音寺由东单移到前门车站。12华里的路程，竟用了整整3天的时间。5天以后，4件国宝安全抵达南京。直到此时，张钰哲的脸上才露出一丝笑容。

1934 年，中国第一座现代天文台——紫金山天文台建成，张钰哲被中央研究院天文研究所聘为特约研究员。1937 年抗战爆发后，他携带多年搜集的全部图书资料随中央大学西迁重庆。

## 在敌机轰炸中追逐日全食

1941 年 9 月 21 日，我国西北部可见日全食。

早在 1937 年初，张钰哲就成功地对此作出了预测，日食带将经过甘肃、陕西、湖北，最后从福建北部入海。不久，英国格林威治天文台也证实了他的预测。这次日全食，是当时罕见的天文奇观。

张钰哲虽然预测出了太阳的运行，却预测不出即将到来的战争。1941 年，这条日食带覆盖的大部分地区，已沦为日占区，各国天文学家也纷纷取消了来华观测的计划，这个重大的历史责任，便落到了中国同行的肩上。

这是中国进行的第一次有组织的现代日食观测。以张钰哲为队长的中国日食观测队，将地点选在了甘肃临洮。观测队从昆明出发，行期 42 天，途经 3000 公里，沿途遭遇了日军的多次空袭，所幸无人员伤亡。

最终，由中国天文学家组成的观测队成功的拍摄到在中国境内发生的史上第一张日全食照片和第一部日全食彩色影片。这是首次在我国境内利用现代天文仪器进行的日全食科学观测。观测完成后，他们除了提交科学研究论文和报告外，1941 年 10 月，张钰哲还在兰州举行了日全食资料展览。1942 年，他在美国《大众天文学》（P.A.）期刊上发表了《在日本轰炸机阴影下的日食观测》。文章在介绍中国天文学家艰苦工作的同时，还向全世界控诉了日本帝国主义者的侵略罪行。

你知道行星是怎样发现的吗？

用八卦占卜能发现新行星，你相信吗？

在 60 多年前的中国，确实是有人信的。

1945 年，一个留学法国的哲学博士，声称用八卦占卜发现了第十大行星——木王星，时任民国宣传部部长的张道藩还在《中央日报》上撰文鼓吹，引发了舆论界一阵热捧。

邮票上的科学家——张钰哲

很快，一篇题为《你知道行星是怎样发现的吗？》的文章在《大公报》发表，向“用八卦发现木王星”的伪科学进行驳斥和抨击，各种追捧谬论的声音也戛然而止。

这篇文章的作者，就是张钰哲。

1948 年 11 月，中央研究院有些机构撤往台湾，张钰哲与天文研究所部分人员暂迁上海迎接解放。

1949 年 9 月，他返回南京，积极参与紫金山天文台的重建工作。1950 年 5 月 20 日，张钰哲被任命为中国科学院紫金山天文台台长。

此后，张钰哲除了忙碌于领导发展紫金山天文台和全国的天文工作以外，同时坚持天文观测和计算工作。当时使用 15 厘米的折光望远镜拍摄小行星，每照一张，曝光 20 分钟。南京的晴夜多在冬天，且是越冷越晴。寒夜里长时间露天导星，往往又冷又倦。张钰哲虽是台长、导师、长者，但他从来都是和他的学生张家祥等轮流导星，一人一片，往往是通宵观测。人几乎冻僵了，钢笔水也冻住了，只能用铅笔来记录。对此，张钰哲常说：“不知者以为苦，知之者以为乐也。”

经过近 40 年的观测研究，张钰哲开创的对小行星、彗星的探索，取得了丰硕成果。他和他领导的紫金山天文台行星室共拍摄小行星、彗星底片 8600 多张，获得有价值的精确位置数据 9300 多个，发现了 1000 余颗新小行星，并计算了它们的轨道。其中有 100 多颗小行星和 3 颗紫金山彗星获得了国际永久编号和命名权。

1978 年，《国际小行星通报》宣布：为纪念张钰哲在天文学上的杰出贡献，哈佛大学天文台将 1976 年 10 月 23 日发现的一颗小行星，命名为“张”，编号为第 2051 号。

1986 年 7 月 21 日，84 岁的张钰哲在南京逝世。遵照他的遗愿，他的骨灰深埋在紫金山天文台内一个不起眼的角落，地面上没有任何标记。

# 侯德榜：世界制碱专家

将一切办好，万一功亏一篑，使国人从此不敢再谈化学工程，则吾等成为中国之罪人。吾人今日只有前进，赴汤蹈火，亦所弗顾。责任所在，拼命为之而已。

·人物语录·

·人物小传·

## 侯德榜

为了中国民族工业的明天，已获得博士学位的他放弃国外优越的生活回国制碱。在他的努力下，中国人依靠自己的力量生产出了优质纯净的碱。他研究的新制碱法，直至今天仍然是世界制碱领域最先进的制碱技术。在科学殿堂中，他是一个不倦的探索者；在中华民族危急的时刻，他是奋起捍卫祖国权益的杰出爱国者。他制造的纯碱不仅象征着中国人的智慧，更象征着中国人的志气，是中华民族的骄傲。

生活中的你一定烤过面包或蒸过馒头，在这个过程中，如果少了一味原料，你就会发现，面包或馒头就不好吃。这种原料就是碱。

碱，不仅烤面包、蒸馒头少不了它，同样制造肥皂、玻璃、纸张、金属、炸药等，它亦是不可或缺的重要工业原料。

然而，中国直至1926年才凭借自己的力量制造出优质纯碱，打破了西方70多年来对制碱技术的垄断，它的诞生也被誉为“中国工业进步的象征”。

而打破这一西方人的垄断，让中国工业产品在世界舞台精彩亮相的重要功臣就是侯德榜，正是这位爱国科学家数十年如一日的努力与坚持，才有了中国化工业的突破与进步。

## 一波三折求学路

1890年8月9日，侯德榜出生于风景秀丽的福建省闽侯县坡尾乡。侯家是一个世代以农为业的大家庭，祖父希望这个新生命长大后能有功德于人世，为他取名“德榜”。

6岁时，侯德榜即随祖父入私塾读书。然而由于侯家田多人少，缺乏劳力，小德榜不得不在课余跟随父亲下地干活，即使过着这样半耕半读的生活，侯德榜依然书不离手。直至今日，侯德榜的家乡依然流传着这位爱国科学家勤奋好学的轶事。

13岁那年，侯德榜在姑妈的资助下进入美国教会学校英华书院求学。这段求学经历也成为侯德榜人生旅途的重要转折点。在接触西方科学知识的同时，侯德榜渐渐对洋人宣扬的自由、平等、博爱产生了怀疑。

一日，侯德榜亲眼目睹了洋人奴役中国人的一幕。那天，正下着暴雨，江边码头上，几个洋人用皮鞭和枪托驱赶上百名中国苦力上船。

侯德榜愤怒地想要冲上去，却被老师拦下。

“为什么洋人总欺负我们？为什么我们要做亡国奴？”侯德榜愤愤地问。

老师说：“他们有先进的科学技术，有强大的军队，如果我们也拥有这一切，谁还敢欺侮我们？”

那是在侯德榜进入英华书院的第二年。同年，他因参加反美示威罢课被校方开除。

1907 年，侯德榜进入上海铁路学堂学习，毕业后被分配到津浦铁路当实习生。

看着自己的同胞每天汗流浃背，而铁路居然是英国人的！侯德榜看到帝国主义列强凭借技术、经济的优势对中国人民残酷地剥削和压迫，深深地感受到：“中国人要想摆脱国外资本家的剥削压迫，只有科技兴国，才有救国希望。”

一年后，侯德榜毅然放弃了“铁饭碗”，投考北京清华留美预备学堂。

清华留美预备学堂的学生大多是官宦或富豪子弟，他们穿着华丽，生活奢靡。而侯德榜出身农家，仅靠公费维持学习，生活十分俭朴，因此常常被奚落为“土包子”。然而，就是这个土包子，在期末考试时，以 10 门功课 1000 分的特优成绩，创造了清华园的奇迹，一年后获准留美。

## 实业救国　跨进“永利”的大门

20 世纪初，化工在世界上还是一门方兴未艾的学科。为了能实现心中的“富国强民”梦，侯德榜放弃了自己熟悉的铁路工程专业而选择了化学工业。

红三角的标志至今仍在使用

八载寒窗苦读，1921 年侯德榜获得制革博士学位。就在侯德榜即将学成回国之际，他遇到了赴美考察的爱国实业家范旭东。

曾有人说：“如果没有天津实业家范旭东，没有永利制碱厂，没有当初三次决定改变专业，侯德榜的人生可能是另一番光景。”漫漫人生路，关键处只有几步，正是“伯乐”范旭东将侯德榜推到了一个历史的新坐标。

碱是许多工业部门，尤其是纺织、肥皂、造纸、玻璃、火药等行业大量采用的原料。为了打破外国公司对纯碱制造技术的垄断，实现振兴民族化工业的宏愿，实业家范旭东、陈调甫等人在天津塘沽创办了永利碱厂。范旭东看重侯德榜学识渊博、工作踏实，力邀他到正在筹建的中国第一家碱厂——塘沽永利碱厂工作。

回国，还是留美？从事熟悉的制革，还是把陌生的制碱当成终生的事业？

深夜里，侯德榜又一次想起了洋人对制碱的技术封锁，大洋彼岸的祖国人民还在吃着带酸味的馒头，民族工业因缺少原料处处被洋人掣肘……他又想到了范旭东的话："为了这件大事，虽粉身碎骨，我也要硬干出来。"

"科学救国"和"振兴民族工业"的共同理想最终让二人走到了一起。同年 10 月，侯德榜放弃了纽约一家工厂优厚的待遇，回到了天津塘沽，任永利碱厂总工程师，开始了他半个多世纪的科学救国和实业救国的人生历程。

## 冲破封锁，揭开"索尔维制碱法"秘密

今天的我们也许很难想象创业之初的艰难。为了独享专利技术，获得巨额收益，外国资本家对索尔维制碱技术采取了严密的保密措施。

为了探索"索尔维制碱法"的秘密，留洋博士侯德榜脱下了白领西服，换上了蓝布条工作服和胶鞋，身先士卒。他把全部身心都扑到了生产上，从调换碳酸化塔的水管，设计分解炉，到多次加强冷却设备，改造过滤机，以及处理不断发生的生产故障，侯德榜都以探索者的勇气、生产者的细心和科学家的严谨来对待。

1924 年 8 月 13 日，这是一个令人期待的日子，在花费了数年时间，投入 300 多万银元后，永利碱厂要正式开工出碱了。所有的目光都聚集在制碱车间的传送带上，令人遗憾的是，最后生产出来的却是俗称"红碱"的劣质碱。

一时间股东们怨声载道："侯德榜原来是学制革的，怎么会制碱呢？""制碱工艺如此复杂，还是得外国人来……"

然而，为了民族化工业的明天，范旭东即使已债台高筑，内外交困，他依

2011 年，曾经的民族工业摇篮、老天津碱厂光荣谢幕。

然力排众议，竭尽全力支持侯德榜。侯德榜曾感慨地说："今日只有一意拼死，谋求技术问题的解决，以报范公之诚。"

范旭东派侯德榜等人再一次赴美考察制碱工艺，寻找永利失败的原因。

原来，当初开办碱厂时，花大价钱请美国人设计的制碱图纸竟是早已废弃的旧图稿。

几个月后，侯德榜回来了。他不仅带回了先进的制碱设备，还带回了在美国设计好的新图纸。经过反复摸索实验，调整改进，最终侯德榜和他的制碱团队解决了大规模制碱的一系列技术难题。

1926 年 6 月 29 日，是永利历史上难忘的一天。这一天，永利制碱车间的传送带上送来了纯净洁白的碱。

同年 8 月，美国人为了纪念建国 150 周年，在费城举办了规模空前的万国博览会，让西方人感到吃惊的是：来自中国的"红三角"牌纯碱竟然一举摘得了金质奖章。组织者称这是因为永利公司所做的努力象征了"中国近代工业的进步"。

这一袋袋的纯碱不仅象征着中国人的智慧，更象征着中国人的志气，它是中华民族的骄傲。

摸索到索尔维制碱法的奥秘，本可以高价出售专利而大发其财。但是和范旭东一样，侯德榜主张把这一奥秘公布于众，让世界各国人民共享这一科技成果。

经过无数个不眠之夜，1933 年一部震惊世界制碱界的巨著《制碱》终于在纽约出版发行。它破解了索尔维制碱技术的奥秘，砸开了 70 年来索尔维制碱集团技术封锁的铁链，使制碱技术成为全人类的共同财富。美国威尔逊教授称："这是中国化学家对世界文明所做出的重大贡献。"

## 摸索前行，创立"侯氏制碱法"

碱厂胜利投产，侯德榜却没有停下奋斗的脚步，为了实现"科学救国"、"实业救国"的夙愿，他和范旭东又提出向氨、酸工业挺进的奋斗目标。

1934 年，侯德榜受命全面主持南京永利硫酸铵厂的建设。制酸，这是化学基础工业的另一翼，是耗资更巨，设备、技术更复杂的艰巨工程，为此侯德榜对整个计划作了周密的调查研究。

在采购设备中，侯德榜精打细算。凡是国内能够保证质量的，就自己动手在国内解决；进口外国设备时，他巧妙地利用各国厂商之间的竞争，选择适用又价廉的设备。为了节约资金，侯德榜以废钢铁的价格买下了一套硫酸铵生产设备。侯德榜的精明能干令许多美国经理异常佩服。

外人常常不解侯德榜的亲力亲为。侯德榜则说："将一切办好，万一功亏一篑，使国人从此不敢再谈化学工程，则吾等成为中国之罪人。吾人今日只有前进，赴汤蹈火，亦所弗顾。责任所在，拼命为之而已。"此番肺腑之言也是侯德榜事业心的生动写照。

1937 年，中国第一个合成氨联合企业——永利铵厂首次试车成功，开创了中国自己生产化肥的历史。从此，江苏、浙江等地的农民发现集市上又多了一种"红三角"牌肥田粉，这种肥田粉和他们用惯了的英国"卜力门"牌肥田粉相比，不仅价格便宜，而且使用效果也不相上下。

可惜，南京硫酸铵厂建成投产不到一年，抗日战争全面爆发，南京沦陷。

原老天津碱厂内景

侯德榜和他的同仁们不得不含泪撤至西南重镇重庆。侯德榜也再一次挑起了西南化工基地建设的设计重任。

制碱的原料主要是食盐。塘沽遍地是盐，价格低廉；我国大西南虽然也有食盐，却是从地下几千米深处挖出的，价格比塘沽的贵几十倍；而索尔维制碱法盐的利用率仅70%左右。如果在大西南仍然采用索尔维法制碱，虽然驾轻就熟，万无一失，但要浪费许多人力和财力，成本极高。思前想后，为适应大西南的自然条件，侯德榜决定放弃最得心应手的索尔维法，另辟蹊径寻求新的制碱方法。

为找寻适应内地条件的制碱工艺，永利公司准备向德国购买新的工艺一察安法的专利。当时德国是日本的盟友，其公司对侯德榜一行百般刁难，不仅漫天要价，还提出“不许在满洲出售产品”的辱华条件，侯德榜当即怒斥：“难道黄头发绿眼珠的人能搞出来，我们黑头发黑眼珠的人就办不到吗？”

抗战期间条件极其艰难，但是侯德榜凭借着丰富的经验和渊博的知识，终于在1940年研究出融合察安法与索尔维法两种方法、制碱和合成氨两种流程于一炉，联产纯碱与氯化铵化肥的新工艺。该联合制碱法把碱的利用率提高到98%以上，纯碱的成本降低了40%。

1941年，这种新工艺被命名为“侯氏联合制碱法”。直至今天，“侯氏联合制碱法”仍然是世界制碱领域最先进的制碱技术。

侯德榜的杰出贡献享誉世界，英国皇家学会特聘他为名誉会员。美国化学工程师学会和美国机械工程师学会，也先后聘他为荣誉会员。面对掌声和鲜花，侯德榜却说：“我的一切发明都属于祖国。”

晚年的侯德榜虽体弱多病，但强烈的责任感、紧迫感使他仍然顽强地跋涉在科学的道路上。

1958年，他写成的80余万字的中文版《制碱工业》，这是他几十年从事制碱工业的实践结晶，此书曾在莱比锡国际图书博览会展出。

1965年，侯德榜花费了7年时间与他人合作发明了“碳化法合成氨流程制碳酸氢氨”，获得国家科委创造发明奖，在70多岁时为一生的科研事业写下光辉的结尾。

1974年8月26日，这位勤奋一生、功绩卓著的科学家与世长辞，终年84岁。

# 詹天佑：从耶鲁大学毕业生到中国铁路之父

· 人物语录 ·

学术虽精，道德不足，犹筑高屋于流沙之上，稍有震摇，无不倾倒。

· 人物小传 ·

## 詹天佑

他是留美归国学生，他是中国科技界先驱，一位伟大的爱国主义者，一位杰出的铁路工程大师。他出生并生活在国家积贫积弱的晚清，在一次次落后挨打的民族危亡中，他奋起救亡图存，被誉为“为振兴中华而拳拳奋斗的民族志士”。他一生以“利国利民”为重，为开拓我国早期铁路工程事业，奋斗终生。他主持修建的京张铁路，开创了中国自建铁路的先河，展现了中国人的伟大创造力，推动了中国铁路事业和科学技术事业的发展。

1909年10月2日，这是中国铁路史上一个光辉的日子，更是中国近代史上一个值得纪念的日子。这一天，由中国人完全用自己的技术力量、独立建成的第一条铁路干线——京张铁路建成通车。这是一条工程难度之大为中国空前未有也为世界上罕见的铁路，这条铁路的总工程师就是“中国铁路之父”——詹天佑。

## 留美九载　英才早成

140多年前，上海港，一艘轮船鸣笛起锚。船上有30名着统一马褂的幼童，12岁的詹天佑就在其中。他留给父亲詹兴洪一纸“倘若有疾病，生死各安天命”的文书，奔向此行目的地——当时被称为“花旗国”的美国。

作为第一批留美幼童，1872年，詹天佑和同伴们在海上漂行了40天，抵达旧金山，7天后搭乘横贯美国中部的大铁路，抵达留学的目的地康涅狄格州。彼时，大洋彼岸的大清帝国，还没有一寸铁路。

在美国家庭中生活、学习了几个月后，第二年春天，詹天佑进入“海滨男生学校”学习。他的数学成绩极其优秀，老师们鼓励他今后投身科学技术事业，毕业后报考耶鲁大学的理工科专业。14岁的詹天佑从“海滨男生学校”毕业后，进入“山房高级中学”。他进入山房高级中学学习的第二年，正值美国建国100周年。美国各地举行了各式各样的纪念庆祝活动，其中影响最大的就是在费城举办的百年博览会。就在这个规模巨大的博览会上，詹天佑被集中了当时世界尖端科学技术、威力巨大、魅力无穷的铁路机车深深迷住了。这也成为他日后报考耶鲁大学学习理工科的重要原因。

高中毕业后，詹天佑报考了耶鲁大学，选学土木工程系的铁路工程一科。之所以选择铁路建造作为一生的事业，是因为他受到了西方以铁路起飞带动经济起飞的理论以及他所亲见的美国铁路的迅速发展与巨大作用这一经济现实的影响。詹天佑感悟到，闭塞贫穷的中国，要走上近代化之路，首先要建成四通八达、遍布全国甚至连接世界的铁路网。 詹天佑如愿以偿进入耶鲁大学。大学的学习实践提高了詹天佑的实践工作能力，也养成了他求实、细致的作风与学风。他刻苦钻研、好学深思，在一二年级时两次获得数学课的奖学金与奖章，大学毕业考试，他的数学成绩为全校第一名。就在此时，一则意想不到的消息令这些留美学生沮丧气愤：清政府下令要求他们立即回国。

## 而立之年　初显身手

归国后，詹天佑和他的留美同学们美好的愿望被冷酷的现实击得粉碎，迎接他们的是一座被废弃的霉气熏鼻的书院。在美国学习土木工程与铁路建造多年、获得耶鲁大学学位的优秀留学生詹天佑被分配到福州船政学堂学习海军驾驶，“由陆而海”。其后他开始了教学生涯，成为一名教员。

1888 年 5 月，在广州已经任教 4 年的詹天佑接到了“中国铁路公司”给他发来的调令，这使他的人生道路再次发生重大转折，他终于能够投身到自己多年来梦寐以求的铁路建设事业中去了……

中国铁路事业彼时刚刚举步，但是它巨大的经济政治利益，从一开始就被列强各国攫取争夺。他们通过提供贷款、出手材料与派遣工程技术人员来控制中国铁路权益，其中工程技术人员有着极为重要的意义：他们实质上是铁路的最高主宰，因此总工程师的职位成为各国争夺的焦点之一。詹天佑进入“中国铁路公司”，在当时不过是英籍工程师金达与德籍工程师鲍威尔矛盾下牵制对方的工具。但是詹天佑不愿卷进他们之间的纠纷，而是深入工地现场，与筑路工人一道工作，认真负责，要求严格，使工程进展迅速。

1891 年 9 月，关东铁路开工，詹天佑被调派到工地上任工程师。关东铁路工程进展至滦河，就遇到了不小的麻烦。因为英国施工方选择的桥址不当，打桩连遭失败。英国工程师遇到无法逾越的困难，不得已转让给日本工程师来做，但日本人也无能为力，接着转包给德国，而德国工程师最终也失败了。

此时，年轻的詹天佑勇敢地接受了这项艰巨的任务，接受了历史向他提出的挑战。在仔细分析研究后，他深入工地仔细测量调查，认真测算试验，最终确定了施工方案。天道酬勤，詹天佑开创性的工作取得了成功。施工时，他日夜与工人一起在工地上劳作，在水里泥里摸爬滚打，感动了许多工人。在他的指挥下，滦河大桥建造工程胜利完工。

而此时，清廷对铁路、火车的认识也有所改变。慈禧太后在乘坐火车后，对火车的优点有了亲身的体会，因此她下令赶修一条从高碑店到梁各庄的铁路支线，这样就可以乘火车去西陵祭祖。清廷把这一任务交给袁世凯，并限 6 个月内完工。西方列强此时开始了对西陵铁路修建权的新一轮争夺。袁世凯无奈之下决定不用任何一国的技术人员，由中国人自办。

自然，在当时为数不多的中国铁路工程技术人员中，能担此重任的只有詹天佑。詹天佑仓促受命赶到西陵铁路工地时，距离通车的期限只有 4 个多月了。他每天工作长达十五六个小时，经常带领助手与工人顶风冒雪奔波于山野间。隆冬时节，冰雪交加，詹天佑指挥工人边筑路基边铺轨，采用多种措施，确保在不误工时、节约经费的前提下按期完工。西陵铁路线并不长，但是它是中国铁路建设史上第一次没有“借外债”、“用洋匠”，完全由中国人主持建成的铁路，极大地鼓舞了国人自建铁路的勇气和信心。

西陵铁路的建成使詹天佑增长了学识，积累了经验，树立了威信，这些都为他接受京张铁路建设任务打下了基础。

## 京张筑成　名震华夏

1905 年 5 月，44 岁的詹天佑接到了袁世凯的命令，要他“即对拟修筑之北京到张家口铁路进行测量”。北京到张家口的铁路，也就是著名的京张铁路。

与修建西陵铁路时一样，清政府聘用英国工程师的技术遭到了俄国的抗议与反对。

英、俄两国各执一词，相持不下。此时，清廷提出了京张铁路“作为中国筹款自造之路”。但是，京张铁路要穿越险峻复杂的山沟，此前中国工程技术人员从未有过独立主修铁路干线的经验，因此西方一些人公开撰文讥讽说：“中国造此路之工程师尚未诞生。”甚至还有美国人直接针对詹天佑在船上工作过一事，嘲讽道：“还没有任何一个中国工程师是从船上毕业的。”

京张铁路“人字形”路线

詹天佑感到了从未有过的压力。他明白京张铁路绝不仅仅是他个人的事，而是代表着中国的形象与地位。在给美国老师的信中，他这样写道：“所有的中国人和外国人都在密切注视着我的工作，如果我失败了，那就不仅是我个人的不幸。因若如此，中国工程师将失掉大众的信任。”抱着为国争光的思想，他从受命的那天起就向员工发出号召：“一切依赖于奋不顾身的努力！”

接到任务后的一个月内，詹天佑带领助手对京张铁路全线进行了勘测与估算。他时常背着标杆、经纬仪等仪器，在山野河道与悬崖峭壁间爬上爬下。5月份正值北国的春季，长城内外经常狂风怒号，飞沙蔽日。他的勘测日记中常有这样的记载：“狂风扬起满天黄沙，咫尺莫辨，视线被阻，不得不停止工作。”虽然条件艰苦，但詹天佑始终坚守在勘测第一线。他白天经常骑着小毛驴四处奔波，向当地老百姓了解情况，夜晚就伏在油灯下查阅资料，核实方位，计算数据，比较线路，设计绘图。

在反复的勘测与比较后，詹天佑确定了总体路线，并对关键分段路线勘测比较，以求最省力省时省料省费的最佳方案。事实证明，他前期的勘测是精密科学的。

为了确保工程顺利开工，詹天佑开展了一系列紧张有序的准备工作：人员配备、材料采购、征购用地、经费落实……曾经的耶鲁大学理工科的高材生此时化身全才，大小事务都亲力亲为。正因为如此，1905 年 10 月 2 日，京张铁路建筑工程才得以顺利开工。首段工程顺利完工后，詹天佑率建设大军开始了第二段工程建设。

这是京张铁路最艰巨也是最重要的一段工程。此段地势急剧升高，山势陡峻，地形复杂，筑路施工不仅要开山炸石，填壑铺路，还要设法减小坡度，保障列车的安全，尤其要开挖 4 条横穿大山巨岭的隧道。

在这 4 条隧道中，居庸关、八达岭隧道堪称天险。尽管自青龙桥起詹天佑就采用“之”字形线路，以减缓山峰坡度，但八达岭隧道长度仍有 1000 多米，这是中国早期铁路建设中少有的长隧道工程，也是最为艰险的铁路工程。这些

雕塑《詹天佑修京张铁路》，再现了当年詹天佑修铁路时的艰辛岁月。

艰难险阻让詹天佑丝毫不敢掉以轻心。面对困难，他毫不退缩，而是更加坚定了信心。他经常亲自参加各项繁重的劳动，鼓舞员工士气。就这样，他用勇敢和智慧，克服了重重困难，破解了一个又一个难题，最终使京张铁路工程顺利竣工。正如他所言，“世事至棼也，然衡其究竟，每败于易而成于难。若因其难而畏之，则事之抵于成者卒鲜！”正是由于他自强不息、坚持不懈的精神，促使京张铁路顺利建成，使得西方列强对中国人民的侮蔑轻视被击得粉碎，同时也大大增强了中国人民的信心，有力提高了中国在世界上的地位，树立了中国的新形象。

1919 年初，詹天佑代表国家出席国际远东铁路会议，以维护中国在中东铁路的主权。当时他腹疾未愈，带病前往哈尔滨、海参崴参加会议。赴会途中，他听闻巴黎和会上国际共管中国铁路的主张，立即以中华工程师学会会长名义，致电巴黎和会中国代表，坚决反对这一主张。

詹天佑在远东铁路会议期间，日冒严寒赴会，夜研文书议案，唯恐主权受损。由于疲劳过度，腹疾严重复发，不得不请假回汉口就医。回乡途中，他抱病再次登上长城，浩叹：“生命有长短，命运有沉升，初建路网的梦想破灭令我抱恨终天，所幸我的生命能化成匍匐在华夏大地上的一根铁轨……”1919 年 4 月 20 日，詹天佑回到汉口，4 日后心力衰竭去世，终年 59 岁。

正如詹天佑自己在欧美同学会上说过的一句话：“各出所学，各尽所知，使国家富强，不受外辱，足以自立于地球之上。” 使国家富强的愿望促使他一生自强不息，为振兴中华而拳拳奋斗。即使在弥留之际，詹天佑念念不忘的仍是发展中国工程事业，维护中国铁路权益，表现了一位杰出爱国知识分子的磊落人生和宽广襟怀，凸显了一位卓越的科学界先驱的崇高境界和人格魅力。

如今，中国的铁路已经四通八达，当人们乘坐火车出行时，仍能感受到詹天佑情系铁路、一心为国的精神。终其一生，他为中国铁路和工程学开路的价值，其风雨飘零的自强自立和完美人格，穿越百年，光芒仍在。